CARRÉS CLASSIQUES

Collection COLLÈGE dirigée par
Cécile de Cazanove
Agrégée de Lettres modernes

Le Roman de Renart

XIIe-XIIIe siècles

Édition présentée par
Émilie Duval
Certifiée de Lettres classiques

Nathan

Sommaire

Avant la lecture

Lire Le Roman de Renart

ISBN: 978-209-188429-5

Après la lecture

Autre lecture

Dossier central images en couleur

Avant la lecture

Qui êtes-vous, messieurs les auteurs ?

Des textes anonymes

Moi, Pierre de Saint-Cloud, j'ai vécu au **XIIe siècle**. Je suis **un clerc**, un homme d'Église. Longtemps, j'ai entendu des histoires mettant en scène des animaux farceurs. J'ai aussi lu des poèmes latins et germaniques, comme ***Ysengrinus***, écrit par un poète flamand, qui raconte l'histoire d'un loup. Vers 1170, j'écris à mon tour quatre aventures d'un certain **Renart**, un goupil qui joue des tours à un corbeau, à une mésange, à un chat, à un loup... C'est le succès. Jongleurs et trouvères récitent mes histoires dans les châteaux, les villages et sur les places publiques. Pendant près d'un siècle, **d'autres auteurs** (environ une trentaine) inventent de nouvelles aventures de Renart. La plupart ne signent pas leurs textes et les récits restent anonymes. Je ne suis donc pas l'unique auteur de ses aventures ! C'est ainsi qu'est né le *Roman de Renart*, **un assemblage de récits anonymes** qui mettent en scène les farces du renard le plus célèbre de l'histoire.

« Je suis un clerc, un homme d'église… »

Vous avez dit « roman » ?

Au Moyen Âge, un roman ne désigne pas encore un long récit en prose, comme aujourd'hui. Le territoire français était alors partagé en **deux pays où l'on ne parlait pas la même langue** : au Nord, le pays d'oïl et au Sud, le pays d'oc (« oïl » et « oc » sont les deux manières de dire « oui » en ancien français). Le *Roman de Renart* a été écrit en langue d'oïl car la plupart des auteurs venaient d'Île-de-France ou de Champagne. L'ancien français est une langue issue du latin, une **langue romane** : on a donc appelé ***Roman*** *de Renart* les aventures du goupil qui n'étaient pas écrites en latin, mais dans la langue parlée en pays d'oïl, le roman.

Un arbre et ses branches

Au Moyen Âge, l'idée d'« auteur » est très différente d'aujourd'hui. **Chacun imite, réinvente** : de nombreux récits du *Roman de Renart* sont des réécritures, des variantes d'autres aventures du goupil. Ces histoires sont issues de quatorze manuscrits différents. À partir du XIXe siècle, des chercheurs ont essayé de classer les récits du Roman de *Renart*. Ils ont utilisé une image familière pour s'y retrouver : celle de l'arbre.

Imaginez donc que le tronc de l'arbre correspond à la base du récit : un personnage principal, Renart, joue des tours à d'autres animaux. Pour désigner chaque variante de ce récit de base, chaque changement d'auteur, de personnages, de lieux, de ruses, on parle de « branche ». En tout, on en compte vingt-cinq. Les différentes branches ont été écrites entre 1170 et 1250. Pendant près d'un siècle, des auteurs différents ont inventé d'autres aventures, ajoutant chacun une branche à l'arbre.

« Les histoires de Renart sont issues de quatorze manuscrits différents. »

La traduction de Paulin Paris

Paulin Paris enseignait la littérature médiévale au **XIXe siècle**, au moment où le Moyen Âge revient à la mode. Il traduit en français moderne le Roman de Renart et n'hésite pas à regrouper certaines branches, à mélanger des chapitres issus de différents manuscrits, à changer certains termes. Il a ainsi adapté les récits pour livrer au public **quatre-vingt-dix aventures** complètes et cohérentes de Renart. Sa traduction a permis de rendre populaire le Roman de Renart, en particulier auprès du jeune public. ■

La France aux XIIe et XIIIe siècles

◆ Domaine royal et seigneurial

Dès la fin du IXe siècle, les rois ne sont plus capables d'assurer la paix sur le territoire. Les seigneurs vont donc s'occuper de la sécurité de ceux qui se trouvent sur leur domaine : c'est **la féodalité.**

Les rois sont alors confrontés à de nombreux adversaires qui se partagent le pouvoir. Le territoire français est donc morcelé en de **multiples seigneuries**.

> *« La société médiévale est hiérarchisée en trois ordres. »*

◆ La société féodale

La société médiévale est **hiérarchisée** et organisée en **trois ordres**.

– **Ceux qui combattent** possèdent des terres et un château fort. Le système féodal établit les relations entre chevaliers : le suzerain offre à son vassal un fief, très souvent des terres et, en contrepartie, le vassal doit obéissance et fidélité à son suzerain. Toutes les personnes sur le domaine obéissent à la loi du seigneur.

– **Ceux qui prient** : les membres de l'Église ont un statut particulier. Ils reçoivent en effet des impôts (comme

- *Vers 1100* — La Chanson de Roland
- *1108* — Début du règne de Louis VI le Gros
- *1147* — IIe croisade (1147-1149)
- *1163* — Début de la construction de Notre-Dame de Paris
- *1174* — Premières branches du *Roman de Renart* (Pierre de Saint-Cloud)
- *Vers 1178* — Chrétien de Troyes, *Le Chevalier de la charrette*, *Le Chevalier au lion*
- *1180* — Début du règne de Philippe II Auguste
- *1190* — Début de la construction du Louvre à Paris. Béroul, *Tristan et Iseult*

la dîme), et, en retour, ils s'occupent de la vie spirituelle et religieuse des fidèles (messes, baptêmes, bénédictions, etc.).

– **Ceux qui travaillent** : le reste de la population est majoritairement très pauvre. Les vilains et les serfs travaillent pour assurer leur survie, et pour payer de nombreux impôts. En échange, le seigneur a l'obligation de protéger ses sujets en cas de guerre, et de les nourrir en cas de famine. Pourtant, les petites gens sont les premières victimes des guerres que se livrent les seigneurs rivaux.

◆ Rire au Moyen Âge

À partir du XIIe siècle, les poètes médiévaux – les trouvères dans le Nord de la France et les troubadours dans le Sud – écrivent des **romans de chevalerie**, ou romans courtois, destinés à la noblesse féodale. Ce **genre sérieux** chante les valeurs chevaleresques : courage, force, piété, clémence.

Parallèlement apparaissent des **textes comiques** : les fabliaux, les farces théâtrales, le Roman de Renart. On riait des aventures de personnages proches de la vie réelle, qui **permettaient de se moquer** des défauts de la société : avidité des moines, lâcheté ou cruauté des chevaliers, jalousie des maris, tromperie des femmes... ■

« Des textes comiques qui visent les défauts de la société. »

La Quête du Saint-Graal — Marco Polo, *Le Livre des Merveilles du monde*

- **1223** Début du règne de Louis VIII le Lion
- **1226** Début du règne de Louis IX (saint Louis)
- **Vers 1230** *La Quête du Saint-Graal*
- **1270** VIIIe croisade. Mort de Louis IX à Tunis
- **1285** Début du règne de Philippe IV le Bel
- **1298** Marco Polo, *Le Livre des Merveilles du monde*

Qui sont les personnages ?

Renart

Seigneur de Maupertuis, époux d'**Hermeline**, père de **Malebranche** et de **Percehaie**, Renart est le maître incontesté des ruses et des mauvais tours. Il faut dire qu'il a souvent faim...

➧ *Trouvera-t-il plus fort que lui ?*

Ysengrin

Le seigneur Ysengrin, vassal du roi Noble, est un loup puissant et brutal. Il veille sur **dame Hersent** et ses louveteaux, mais iln'est pas très malin... pour le plus grand bonheur de Renart.

➧ *Jusqu'où le mènera sa naïveté ?*

Le clan des oiseaux

Chantecler, le coq, règne en seigneur sur son poulailler. Avec **Tiécelin**, le corbeau, et **la mésange**, ils représentent les petites gens du royaume de Noble, premières victimes des guerres seigneuriales.

➧ *Réussiront-ils à échapper aux ruses de Renart ?*

Le roi Noble

À tout seigneur, tout honneur ! **Noble**, le lion, règne avec dignité et autorité sur sa cour. Il a de nombreux vassaux : **Brun** l'ours, **Bruiant** le taureau, **Tybert** le chat...

➧ *Renart ira-t-il jusqu'à le défier ?*

Lire

Le Roman de Renart

XIIe-XIIIe siècles

Traduction et adaptation de Paulin Paris

Illustration de Pinchon pour *Les Aventures de Maître Renard*, éditions Delagrave.

Renart et les bacons[1] d'Ysengrin

Comment Renart emporta de nuit les bacons d'Ysengrin.

Renart, un matin, entra chez son oncle[2], les yeux troubles, la pelisse[3] hérissée[4]. « Qu'est-ce, beau neveu ? tu parais en mauvais point, dit le maître du logis ; serais-tu malade ? – Oui, je ne me sens pas bien. – Tu n'as pas déjeuné ? – Non, et même je n'en ai pas envie. – Allons donc ! Çà[5], dame Hersent, levez-vous tout de suite, préparez à ce cher neveu une brochette de rognons et de rate[6]; il ne la refusera pas. »

Hersent quitte le lit et se dispose à obéir. Mais Renart attendait mieux de son oncle ; il voyait trois beaux bacons suspendus au faîte[7] de la salle, et c'est leur fumet[8] qui l'avait attiré. « Voilà, dit-il, des *bacons bien aventurés*[9] ! savez-vous, bel oncle, que si l'un de vos voisins (*n'importe lequel, ils se valent tous*) les apercevait, il en voudrait sa part ? À votre place, je ne perdrais pas un moment pour les détacher, et je dirais bien haut qu'on me les a volés. – Bah ! fit Ysengrin, je n'en suis pas inquiet ; et tel peut les voir qui n'en saura jamais le goût[10]. – Comment ! si l'on vous en demandait ? – Il n'y a demande qui tienne[11]; je n'en donnerais pas à mon neveu, à mon frère, à qui que ce soit au monde. »

Renart n'insista pas ; il mangea ses rognons et prit congé. Mais, le surlendemain, il revint à la nuit fermée[12] devant la maison d'Ysengrin. Tout le monde y dormait. Il monte sur le faîte[13], creuse et ménage une ouverture, passe, arrive aux bacons, les emporte, revient chez lui, les coupe en morceaux et les cache dans la paille de son lit.

1. Jambons.
2. Ysengrin.
3. Le pelage.
4. Dressée.
5. Venez ici.
6. Abats, morceaux de viande les moins précieux.
7. Plafond.
8. Odeur agréable.
9. Qui invitent à l'aventure (sous-entendu au vol).
10. On aura beau les voir, personne ne les goûtera.
11. Toute demande sera refusée.
12. Tombée.
13. Haut du toit.

Cependant le jour arrive ; Ysengrin ouvre les yeux : Qu'est cela ? le toit ouvert, les bacons, ses chers bacons enlevés ! « Au secours ! au voleur ! Hersent ! Hersent ! nous sommes perdus ! » Hersent, réveillée en sursaut, se lève échevelée[1]: « Qu'y a-t-il ? Oh ! quelle aventure ! Nous, dépouillés par les voleurs ! À qui nous plaindre ? » Ils crient à qui mieux mieux[2], mais ils ne savent qui accuser ; ils se perdent en vains efforts pour deviner l'auteur d'un pareil attentat[3]. Renart cependant arrive : il avait bien mangé, il avait le visage reposé, satisfait. « Eh ! bel oncle, qu'avez-vous ? vous me paraissez en mauvais point ; seriez-vous malade ? – Je n'en aurais que trop sujet[4]; nos trois beaux bacons, tu sais ? on me les a pris ! – Ah ! répond en riant Renart, c'est bien cela ! oui, voilà comme il faut dire : on vous les a pris. Bien, très bien ! mais, oncle, ce n'est pas tout, il faut le crier dans la rue, que vos voisins n'en puissent douter. – Eh ! je te dis la vérité ; on m'a volé mes bacons, mes beaux bacons. – Allons ! reprend Renart, ce n'est pas à moi qu'il faut dire cela : tel se plaint, je le sais, qui n'a pas le moindre mal[5]. Vos bacons, vous les avez mis à l'abri des allants et venants[6], vous avez bien fait, je vous approuve fort. – Comment ! mauvais plaisant, tu ne veux pas m'en-ten-dre ? Je te dis qu'on m'a volé mes bacons. – Dites, dites toujours. – Cela n'est pas bien, fait alors dame Hersent, de ne pas nous croire. Si nous les avions, ce serait pour nous un plaisir de les partager, vous le savez bien. – Je sais que vous connaissez les bons tours. Pourtant ici tout n'est pas profit : voilà votre maison trouée ; il le fallait, j'en suis d'accord, mais cela demandera de grandes réparations. C'est par là que les voleurs sont entrés, n'est-ce pas ? c'est par là

1. Décoiffée.
2. À qui fera le plus de bruit.
3. Crime.
4. Je ne manque pas de raisons pour être malade.
5. Celui qui se plaint fait parfois semblant d'avoir mal.
6. Des passants.

qu'ils se sont enfuis ? – Oui, c'est la vérité. – Vous ne sauriez pas dire autre chose. – Malheur en tout cas, dit Ysengrin, roulant des yeux, à qui m'a pris mes bacons, si je viens à le découvrir ! » Renart ne répondit plus ; il fit une belle moue[7], et s'éloigna en ricanant sous cape[8]. Telle fut la première aventure, les *Enfances* de Renart. Plus tard il fit mieux, pour le malheur de tous, et surtout de son cher compère Ysengrin.

7. Grimace.
8. En cachette.

Renart et Tiécelin le corbeau

Comment Tiécelin le corbeau prit un fromage à la vieille, et comment Renart le prit à Tiécelin.

DANS UNE PLAINE FLEURIE que bornaient[1] deux montagnes et qu'une eau limpide[2] arrosait, Renart, un jour, aperçut de la rive opposée, un fau[3] solitaire planté loin de tout chemin frayé, à la naissance de la montée. Il franchit le ruisseau, gagne l'arbre, fait autour du tronc ses passes ordinaires[4], puis se vautre[5] délicieusement sur l'herbe fraîche, en soufflant pour se bien refroidir. Tout dans ce lieu le charmait ; tout, je me trompe, car il sentait un premier aiguillon[6] de faim, et rien ne lui donnait l'espoir de l'apaiser. Pendant qu'il hésitait sur ce qu'il avait à faire, damp[7] Tiécelin, le corbeau, sortait du bois voisin, planait dans la prairie et allait s'abattre dans un plessis[8] qui semblait lui promettre bonne aventure.

Là se trouvait un millier de fromages qu'on avait exposés, pour les sécher, à un tour de soleil[9]. La gardienne était rentrée pour un moment au logis, et Tiécelin saisissant l'occasion, s'arrêta sur un des plus beaux et reprit son vol au moment où la vieille reparaissait. « Ah ! mon beau monsieur, c'est pour vous que séchaient mes fromages ! » Disant cela, la vieille jetait pierres et cailloux. « Tais-toi, tais-toi, la vieille, répond Tiécelin ; quand on demandera qui l'a pris, tu diras : C'est moi, c'est moi ! car la mauvaise garde[10] nourrit le loup. »

Tiécelin s'éloigne et s'en vient percher sur le fau qui couvrait damp Renart de son frais ombrage. Réunis par

Damp

« Damp », ou « dam », est une déformation du nom latin *dominum* (le maître). Il désigne un homme qui possède un domaine, un seigneur.

1. Limitaient.
2. Claire.
3. Hêtre (arbre).
4. Ses petites figures de danse habituelles, marques de bonne humeur.
5. Se roule.
6. Tiraillement.
7. Seigneur.
8. Jardin (voir encadré, p. 31).
9. Pour toute la journée.
10. Le mauvais gardien.

le même arbre, leur situation était loin d'être pareille. Tiécelin savourait ce qu'il aimait le mieux ; Renart, également friand du fromage et de celui qui en était le maître, les regardait sans espoir de les atteindre. Le fromage à demi séché donnait une entrée facile aux coups de bec : Tiécelin en tire le plus jaune et le plus tendre ; puis il attaque la croûte dont une parcelle lui échappe et va tomber aux pieds de l'arbre. Renart lève la tête et salue Tiécelin qu'il voit fièrement campé[11], le fromage dressé dans les pattes. « Oui, je ne me trompe pas ; oui, c'est damp Tiécelin. Que le bon Dieu vous protège, compère, vous et l'âme de votre père, le fameux chanteur ! Personne autrefois, dit-on, ne chantait mieux que lui en France. Vous-même, si je m'en souviens, vous faisiez aussi de la musique : ai-je rêvé que vous avez longtemps appris à jouer de l'orgue ? Par ma foi, puisque j'ai le plaisir de vous rencontrer, vous consentirez[12] bien, n'est-ce pas, à me dire une petite ritournelle[13]. »

Ces paroles furent pour Tiécelin d'une grande douceur, car il avait la prétention d'être le plus agréable musicien du monde. Il ouvre donc aussitôt la bouche et fait entendre un *crah* prolongé. « Est-ce bien, cela, damp Renart ? – Oui, dit l'autre, cela n'est pas mal : mais si vous vouliez, vous monteriez encore plus haut. – Écoutez-moi donc. » Il fait alors un plus grand effort de gosier. « Votre voix est belle, dit Renart, mais elle serait plus belle encore si vous ne mangiez pas tant de noix. Continuez pourtant, je vous prie. » L'autre, qui veut absolument emporter le prix du chant, s'oublie tellement que, pour mieux filer le son[14], il ouvre peu à peu les ongles et les doigts qui retenaient le fromage et le laisse tomber justement aux pieds de Renart. Le glouton frémit

Compère, commère

Au Moyen Âge, quelques jours après la naissance, l'enfant était baptisé en présence de ses parents spirituels : son parrain et sa marraine. Quand ils se rencontraient, ils s'appelaient « compère » et « commère ». Ces termes signifient aussi « voisin », « ami » ou encore « compagnon ».

11. Se tenant bien droit.
12. Accepterez.
13. Chanson.
14. Tenir longuement la même note, sur une seule respiration.

alors de plaisir ; mais il se contient, dans l'espoir de réunir au fromage le vaniteux[1] chanteur. « Ah ! Dieu, dit-il en paraissant faire un effort pour se lever, que de maux[2] le Seigneur m'a envoyés en ce monde ! Voilà que je ne puis changer de place, tant je souffre du genou ; et ce fromage qui vient de tomber m'apporte une odeur infecte et insupportable. Rien de plus dangereux que cette odeur pour les blessures des jambes ; les médecins me l'avaient bien dit, en me recommandant de ne jamais en goûter. Descendez, je vous prie, mon cher Tiécelin, venez m'ôter cette abomination[3]. Je ne vous demanderais pas ce petit service, si je ne m'étais l'autre jour rompu la jambe dans un maudit piège tendu à quelques pas d'ici. Je suis condamné à demeurer à cette place jusqu'à ce qu'une bonne emplâtre[4] vienne com mencer ma guérison. »

Comment se méfier de telles paroles accompagnées de toutes sortes de grimaces douloureuses ! Tiécelin d'ailleurs était dans les meilleures dispositions pour celui qui venait enfin de reconnaître l'agrément[5] de sa voix. Il descendit donc de l'arbre ; mais une fois à terre, le voisinage de Renart le fit réfléchir. Il avança pas à pas, l'œil au guet[6], et en se traînant sur le croupion[7]. « Mon Dieu ! disait Renart, hâtez-vous[8] donc, avancez ; que pouvez-vous craindre de moi, pauvre impotent[9]? » Tiécelin s'approcha davantage, mais Renart, trop impatient, s'élance et le manque, ne retenant en gage[10] que trois ou quatre plumes. « Ah ! traître Renart ! dit alors Tiécelin, je devais bien savoir que vous me tromperiez ! J'en suis pour quatre de mes plus beaux tuyaux[11]; mais c'est là tout ce que vous aurez, méchant et puant larron[12], que Dieu maudisse ! »

1. Fier.
2. Malheurs.
3. Horreur.
4. Un pansement.
5. Le charme.
6. En surveillant attentivement.
7. Sur le derrière.
8. Dépêchez-vous.
9. Personne qui ne peut se déplacer.
10. En souvenir.
11. Mes plus belles plumes.
12. Voleur.

Renart, un peu confus, voulut se justifier. C'était une attaque de goutte[13] qui l'avait fait malgré lui sauter. Tiécelin ne l'écouta pas : « Garde le fromage, je te l'abandonne ; quant à ma peau, tu ne l'auras pas. Pleure et gémis main tenant à ton aise, je ne viendrai pas à ton secours. – Eh bien, va-t'en, braillard[14] de mauvais augure[15], dit Renart en reprenant son naturel ; cela me consolera de n'avoir pu te clore[16] le bec. Par Dieu ! reprit-il ensuite, voilà vraiment un excellent fromage ; je n'en ai jamais mangé de meilleur ; c'est juste le remède qu'il me fallait pour le mal de jambes. »

Et, le repas achevé, il reprit lestement[17] le chemin des bois.

13. Douleur des articulations.
14. Mauvais chanteur.
15. De malheur.
16. Fermer.
17. Rapidement.

Renart et les marchands de poisson

Comment Renart fit rencontre des marchands de poisson, et comment il eut sa part des harengs et des anguilles.

Maupertuis

Ce lieu imaginaire désigne la tanière de Renart. Son nom signifie le passage (*pertuis*) du mal (*mau*), ce qui indique bien la portée morale des aventures du goupil.

RENART, ON LE VOIT, N'AVAIT PAS TOUJOURS le temps à souhait[1], et ses entreprises[2] n'étaient pas toutes également heureuses. Quand le doux temps d'été faisait place au rigoureux hiver, il était souvent à bout de provisions, il n'avait rien à donner, rien à dépendre[3] : les usuriers[4] lui faisaient défaut[5], il ne trouvait plus de crédit chez les marchands. Un de ces tristes jours de profonde disette[6], il sortit de Maupertuis, déterminé à n'y rentrer que les poches gonflées. D'abord il se glisse entre la rivière et le bois dans une jonchère[7], et quand il est las[8] de ses vaines recherches, il approche du chemin ferré[9], s'accroupit dans l'ornière[10], tendant le cou d'un et d'autre côté. Rien encore ne se présente. Dans l'espoir de quelque chance meilleure, il va se placer devant une haie, sur le versant[11] du chemin : enfin il entend un mouvement de roues. C'étaient des marchands qui revenaient des bords de la mer, ramenant des harengs frais, dont, grâce au vent de bise[12] qui avait soufflé toute la semaine, on avait fait pêche abondante ; leurs paniers crevaient sous le poids des anguilles et des lamproies[13] qu'ils avaient encore achetées, chemin faisant[14].

À la distance d'une portée d'arc[15], Renart reconnut aisément les lamproies et les anguilles. Son plan est bientôt fait : il rampe sans être aperçu jusqu'au milieu du chemin, il s'étend et se vautre, jambes écartées, dents rechignées[16], la

1. Comme il voulait.
2. Ruses.
3. Dépenser.
4. Personnes qui prêtent de l'argent.
5. Refusaient de lui prêter de l'argent.
6. Famine.
7. Grand terrain humide où poussent les joncs, plantes à tige souple.
8. Fatigué.
9. Pierreux.
10. Creux laissé par les roues des charrettes.
11. La pente.
12. Vent froid.
13. Poissons de rivière.
14. Sur la route.
15. Distance à laquelle on peut lancer une flèche avec un arc.
16. Apparentes.

langue pantelante[17], sans mouvement et sans haleine[18]. La voiture avance ; un des marchands regarde, voit un corps immobile, et, appelant son compagnon : « Je ne me trompe pas, c'est un goupil ou un blaireau. – C'est un goupil, dit l'autre ; descendons, emparons-nous-en, et surtout qu'il ne nous échappe. » Alors ils arrêtent le cheval, vont à Renart, le poussent du pied, le pincent et le tirent ; et comme ils le voient immobile, ils ne doutent pas qu'il ne soit mort. « Nous n'avions pas besoin d'user de grande adresse ; mais que peut valoir sa pelisse ? – Quatre livres, dit l'un. – Dites cinq, reprend l'autre, et pour le moins ; voyez sa gorge, comme elle est blanche et fournie ! C'est la bonne saison. Jetons-le sur la charrette. »

Ainsi dit, ainsi fait. On le saisit par les pieds, on le lance entre les paniers, et la voiture se remet en mouvement. Pendant qu'ils se félicitent de l'aventure et qu'ils se promettent de découdre[19], en arrivant, la robe[20] de Renart, celui-ci ne s'en inquiète guère ; il sait qu'entre faire et dire il y a souvent un long trajet. Sans perdre de temps, il étend la patte sur le bord d'un panier, se dresse doucement, dérange[21] la couverture, et tire à lui deux douzaines des plus beaux harengs. Ce fut pour aviser[22] avant tout à la grosse faim qui le travaillait. D'ailleurs il ne se pressa pas, peut-être même eut-il le loisir de regretter l'absence de sel ; mais il n'avait pas l'intention de se contenter de si peu. Dans le panier voisin frétillaient[23] les anguilles : il en attira vers lui cinq à six des plus belles ; la difficulté était de les emporter, car il n'avait plus faim. Que fait-il ? Il aperçoit dans la charrette une botte de ces ardillons[24] d'osier qui servent à embrocher[25] les poissons : il en prend deux ou trois, les passe dans

Le goupil

Goupil est le mot qui désigne le renard en ancien français. *Renart* est le nom du personnage imaginaire aux multiples aventures. Ce dernier est devenu tellement célèbre que son nom a remplacé, à partir du XIIe siècle, celui de *goupil*. Il est devenu un nom commun, avec un « d » final.

17. Pendante.
18. Sans souffle.
19. D'enlever.
20. Fourrure.
21. Déplace.
22. Trouver une solution.
23. Remuaient.
24. Petites tiges.
25. Mettre en broche.

la tête des anguilles, puis se roule de façon à former de ces ardillons une triple ceinture, dont il rapproche les extrémités en tresse. Il s'agissait maintenant de quitter la voiture ; ce fut un jeu pour lui : seulement il attendit que l'ornière vînt trancher sur le vert gazon[1], pour se couler[2] sans bruit et sans risque de laisser après lui les anguilles.

Et cela fait, il aurait eu regret d'épargner un brocard aux voituriers[3]. « Dieu vous maintienne en joie, beaux vendeurs de poisson ! leur cria-t-il. J'ai fait avec vous un partage de frère : J'ai mangé vos plus gros harengs et j'emporte vos meilleures anguilles ; mais je laisse le plus grand nombre. »

Quelle ne fut pas alors la surprise des marchands ! Ils crient : *Au goupil, au goupil !* mais le goupil ne les redoutait guère : il avait les meilleures jambes. « Fâcheux contretemps ! disent-ils, et quelle perte pour nous, au lieu du pro fit que nous pensions tirer de ce maudit animal ! Voyez comme il a dégagé[4] nos paniers ; puisse-t-il en crever au moins d'indigestion !

– Tant qu'il vous plaira, dit Renart, je ne crains ni vous ni vos souhaits. » Puis il reprit tranquillement le chemin de Maupertuis. Hermeline, la bonne et sage dame, l'attendait à l'entrée ; ses deux fils, Malebranche et Percehaie, le reçurent avec tout le respect qui lui était dû, et quand on vit ce qu'il rapportait, ce fut une joie et des embrassements sans fin. « À table ! s'écria-t-il, que l'on ait soin de bien fermer les portes, et que personne ne s'avise de nous déranger. »

1. Que les roues de la charrette atteignent le gazon.
2. Se glisser.
3. De ne pas se moquer des marchands.
4. Vidé.

Renart et Ysengrin à la pêche aux anguilles

Où l'on verra comment Renart conduisit son compère à la pêche aux anguilles.

C'ÉTAIT PEU DE TEMPS AVANT NOËL, quand on pense à saler les bacons[5]. Le ciel était parsemé d'étoiles, il faisait un grand froid, et le vivier[6] où Renart avait conduit son compère était assez fortement pris de glace[7] pour que l'on pût en toute sécurité former sur lui des rondes joyeuses. Il n'y avait qu'un seul trou, soigneusement entretenu chaque jour par les paysans du village, et près duquel ils avaient laissé le seau qui leur servait à puiser[8] de l'eau.

Renart, indiquant du doigt le vivier : « Mon oncle, dit-il, c'est là que se tiennent en quantité les barbeaux, les tanches et les anguilles[9]; et précisément voici l'engin qui sert à les prendre. » Il montrait le seau. « Il suffit de le tenir quelque temps plongé dans l'eau, puis de l'en tirer quand on sent à sa pesanteur[10] qu'il est garni de poissons.

– Je comprends, dit Ysengrin, et pour bien faire, je crois, beau neveu, qu'il faudrait attacher l'engin à ma queue ; c'est apparemment ainsi que vous faites vous-même quand vous voulez avoir une bonne pêche. – Justement, dit Renart ; c'est merveille comme vous comprenez aisément[11]. Je vais faire ce que vous demandez. »

Il serre fortement le seau à la queue d'Ysengrin. « Et maintenant, vous n'avez plus qu'à vous tenir immobile pendant une heure ou deux, jusqu'à ce que vous sentiez les poissons arriver en foule dans l'engin[12]. – Je comprends fort bien ; pour de la patience, j'en aurai tant qu'il faudra. »

Conserver les aliments

Au Moyen Âge, on n'avait pas de réfrigérateur, encore moins de congélateur, pour garder les aliments au frais. On utilisait différentes techniques pour conserver la viande et le poisson : la salaison (avec du sel), le séchage et la fumaison dans la cheminée.

5. Jambons.
6. L'étang aménagé pour l'élevage des poissons.
7. Gelé.
8. Faire remonter.
9. Poissons d'eau douce.
10. Son poids.
11. Facilement.
12. Le seau.

Renart se place alors un peu à l'écart, sous un buisson, la tête entre les pieds, les yeux attachés[1] sur son compère. L'autre se tient au bord du trou, la queue en partie plongée dans l'eau avec le seau qui la retient. Mais comme le froid était extrême, l'eau ne tarda pas à se figer[2], puis à se changer en glace autour de la queue. Le loup, qui se sent pressé[3], attribue le tiraillement aux poissons qui arrivent ; il se félicite, et déjà songe au profit qu'il va tirer d'une pêche miraculeuse. Il fait un mouvement, puis s'arrête encore, persuadé que plus il attendra, plus il amènera de poissons à bord. Enfin, il se décide à tirer le seau ; mais ses efforts sont inutiles. La glace a pris de la consistance, le trou est fermé, la queue est arrêtée sans qu'il lui soit possible de rompre l'obstacle. Il se démène[4] et s'agite, il appelle Renart : « À mon secours, beau neveu ! il y a tant de poissons que je ne puis les soulever ; viens m'aider ; je suis las[5], et le jour ne doit pas tarder à venir. » Renart, qui faisait semblant de dormir, lève alors la tête : « Comment, bel oncle, vous êtes encore là ? Allons, hâtez-vous, prenez vos poissons et partons ; le jour ne peut tarder à venir. – Mais, dit Ysengrin, je ne puis les remonter. Il y en a tant, tant, que je n'ai pas la force de soulever l'engin. – Ah ! reprend Renart en riant, je vois ce que c'est ! mais à qui la faute ? Vous en avez voulu trop prendre, et le vilain[6] a raison de le dire : Qui tout désire tout perd. »

La nuit passe, l'aube paraît, le soleil se lève. La neige avait blanchi la terre, et messire Constant des Granges, un honnête vavasseur[7] dont la maison touchait à[8] l'étang, se lève et sa joyeuse mesgnie[9]. Il prend un cor, appelle ses chiens, fait seller un cheval ; des clameurs[10] partent de

1. Fixés.
2. Durcir.
3. Serré.
4. Remue dans tous les sens.
5. Fatigué.
6. Paysan.
7. Vassal d'un suzerain, lui-même vassal d'un seigneur.
8. Était voisine de.
9. Avec les habitants de sa maison.
10. Cris.

tous les côtés, tout se dispose[11] pour la chasse. Renart ne les attend pas, il reprend lestement le chemin de Maupertuis, laissant sur la brèche[12] le pauvre Ysengrin qui tire de droite et de gauche, et déchire sa queue cruellement sans parvenir à la dégager. Survient un garçon tenant deux lévriers[13] en laisse. Il aperçoit le loup arrêté par la queue dans la glace, et le derrière ensanglanté. « Ohé ! ohé ! le loup ! » Les veneurs[14] avertis accourent avec d'autres chiens, et cependant Ysengrin entend Constant des Granges donner l'ordre de les délier[15]. Les braconniers[16] obéissent ; leurs brachets[17] s'attachent[18] au loup qui, la pelisse hérissée[19], se dispose à faire bonne défense. Il mord les uns, retient les autres à distance. Alors messire Constant descend de cheval, approche l'épée au poing et pense couper Ysengrin en deux. Mais le coup porte à faux[20]; messire Constant, ébranlé[21] lui-même, tombe sur la tête et se relève à grand-peine. Il revient à la charge, vise la tête, le coup glisse et le glaive[22] descend sur la queue qu'il emporte tout entière. Ysengrin, surmontant une douleur aiguë, fait un effort suprême et s'élance au milieu des chiens qui s'écartent pour lui ouvrir passage et courir aussitôt à sa poursuite. Malgré la meute entière acharnée sur ses traces, il gagne une hauteur d'où il les défie. Brachets et lévriers tous alors renoncent à leur chasse. Ysengrin entre au bois, plaignant la longue et riche queue qu'il s'est vu contraint de laisser en gage, et jurant de tirer vengeance de Renart, qu'il commence à soupçonner de lui avoir malicieusement ménagé toutes ces fâcheuses aventures.

La chasse

Au Moyen Âge, la chasse est un privilège réservé aux seigneurs. La chasse à courre (ou vénerie) consiste à poursuivre le gibier (cerf, sanglier, renard...) avec des chiens. Les paysans chassent de manière illégale, ils braconnent en se servant de pièges (lacets ou collets). Le braconnage est sévèrement puni.

11. Prépare.
12. Abandonnant.
13. Chiens de chasse.
14. Chasseurs.
15. Lâcher.
16. Ceux qui sont chargés de tenir les chiens de chasse.
17. Chiens de chasse.
18. S'attaquent.
19. Les poils dressés.
20. Le manque.
21. Déséquilibré.
22. L'épée.

Pause lecture 1

Aventures 1 à 4

La faim justifie les moyens

La vie au Moyen Âge

Avez-vous bien lu ?

Où se déroulent les aventures de Renart ?

❑ Dans le Midi.

❑ Dans le nord de la France.

❑ Au bord de l'Atlantique.

Les lieux et les saisons

1 Pour chaque aventure, indiquez le lieu de l'action. Quel est le point commun de ces différents endroits ?

2 Où habite Renart (aventure 3, p. 20) ? D'autres lieux sont-ils nommés ? Ces lieux évoquent-ils l'univers du conte ? Justifiez votre réponse.

3 À quelle saison l'aventure 2 se déroule-t-elle ? À quels sentiments de Renart cette saison est-elle associée ?

La vie quotidienne

4 Quels sont les éléments qui montrent que l'action se passe au Moyen Âge (véhicules, habitations, façon de pêcher, etc.) ?

5 Faites la liste des personnages humains qui apparaissent dans ces aventures. Sont-ils présentés à leur avantage ?

6 Quels sont les animaux évoqués ? Quelles caractéristiques humaines possèdent-ils ?

La faim, une réalité au Moyen Âge

Avez-vous bien lu ?

Les rognons et la rate sont :

- ❏ un plat coûteux ?
- ❏ des restes sans saveur ?
- ❏ un plat simple mais raffiné ?

Une seule et même motivation

1. Quelles expressions sont utilisées pour décrire la faim dans les aventures 1, 2 et 3 ? Comment Renart est-il accueilli à son retour à Maupertuis, à la fin de l'aventure 3 ? Pour quelle raison ?
2. Pourquoi Ysengrin s'exclame-t-il : « nous sommes perdus ! » (p. 14, l. 31) lorsqu'il découvre le vol des bacons ? Quelle réalité de la vie du Moyen Âge est ici évoquée ?

La tentation est trop grande

3. Relevez toutes les indications sur le nombre de bacons, de fromages et de poissons. Pourquoi une telle abondance ? Quels sens ces aliments sollicitent-ils ?
4. Dans quelle histoire Renart se montre-t-il plus gourmand qu'affamé ?
5. Pourquoi Renart dit-il aux marchands qu'il a fait « un partage de frère » (p. 22, l. 66) ? Que révèle l'emploi du mot « frère » ?

Le plaisir de tromper

Avez-vous bien lu ?

Renart emmène Ysengrin au lac...

- ❏ pour lui apprendre à pêcher ?
- ❏ parce qu'il a faim ?
- ❏ pour s'amuser ?

Une technique bien rodée

1. Comment Renart se sert-il de sa condition d'animal pour tromper les marchands ? De quelle qualité fait-il preuve pour emporter les poissons ?
2. Quel défaut caractérise le plus Ysengrin ? Comment Renart s'appuie-t-il sur ce défaut pour le tromper ?

Le pouvoir de la parole

3. Comment, dans l'aventure 1, Renart crée-t-il un malentendu autour du vol des bacons ? Sur quel type de comique l'épisode repose-t-il ?
4. Par quels termes Renart désigne-t-il Tiécelin le corbeau au début, puis à la fin de l'histoire ? Commentez. Pourquoi les pronoms personnels changent-ils dans le dialogue ?
5. Sur quel ton Renart déclare-t-il à Ysengrin : « c'est merveille comme vous comprenez aisément » (p. 23, l. 19-20) ?

Les leçons de Renart

6. Relevez les proverbes que prononce Renart dans les aventures 1 et 4. À quel temps sont-ils ? Quelle est la valeur de ce temps ?

Du texte à l'image

Observez l'illustration → voir dossier images p. I

Félix Lorioux, *Le Corbeau et le Renard*, 1927.

1 Pour quel ouvrage cette illustration a-t-elle été réalisée ? Comment les animaux sont-ils personnifiés ?

2 L'illustration est-elle sérieuse ou humoristique ? Justifiez votre réponse.

3 Ce dessin aurait-il pu servir pour illustrer l'histoire de Renart et Tiécelin ? Pourquoi ?

À vous de jouer

Racontez une ruse

Un jour, Renart rencontre Ysengrin, qui vient de voler une oie à un riche fermier. Imaginez comment Renart, affamé, réussit à voler l'oie de son compagnon.

Jouez une scène

Renart rencontre de nouveau Tiécelin. Il fait semblant de vouloir se réconcilier avec lui, pour mieux le manger ensuite. Jouez la scène.

Faites une recherche

Lisez la fable de La Fontaine « Le Corbeau et le Renard » et comparez les deux textes. Lequel préférez-vous ? Pourquoi ?

Renart et Chantecler le coq

Comment Renart entra dans la ferme de Constant Desnois ; comment il emporta Chantecler et comment il ne le mangea pas.

PUIS, UN AUTRE JOUR, IL ARRIVE À RENART de se présenter devant un village au milieu des bois, fort abondamment peuplé de coqs, gelines[1], jars[2], oisons[3] et canards. Dans le plessis, messire Constant Desnois, un vilain[4] fort à l'aise, avait sa maison abondamment garnie des meilleures provisions, de viandes fraîches et salées. D'un côté, des pommes et des poires ; de l'autre le parc aux bestiaux, formé d'une enceinte de pieux de chêne recouverts d'aubépins[5] touffus. C'est là que Constant Desnois tenait ses gelines à l'abri de toute surprise. Renart, entré dans le plessis, s'approche doucement de la clôture. Mais les épines entrelacées ne lui permettent pas de franchir la palissade. Il entrevoit les gelines, il suit leurs mouvements, mais il ne sait comment les joindre. S'il quitte l'endroit où il se tenait accroupi, et si même il ose tenter de bondir au-dessus de la barrière, il sera vu sans aucun doute, et pendant que les gelines se jetteront dans les épines, on lui donnera la chasse, on le happera[6], il n'aura pas le temps d'ôter une plume au moindre poussin. Il a beau se battre les flancs[7] et, pour attirer les gelines, baisser le cou, agiter le bout de sa queue, rien ne lui réussit.

Enfin, dans la clôture, il avise un pieu rompu qui lui promet une entrée facile : il s'élance et tombe dans une plate-bande de choux que le vilain avait ménagée[8]. Mais le bruit de sa chute avait donné l'éveil à la volatile[9] ; les

Le plessis

Pour protéger le bétail, les paysans pratiquaient le plessage des haies (du latin *plectere*, qui signifie « tresser »). Ils entrelaçaient les haies tout autour du jardin, puis les recouvraient de planches de bois, obtenant ainsi des barrières presque infranchissables.
Un plessis désignait aussi une maison entourée de ces haies tressées.

1. Poules.
2. Mâles de l'oie.
3. Petits de l'oie.
4. Paysan.
5. Arbustes avec des épines.
6. L'attrapera.
7. Faire de grands efforts.
8. Plantée.
9. Avait réveillé les volailles.

gelines effrayées se sauvent vers les bâtiments. Ce n'était pas le compte de Renart[1]. D'un autre côté, Chantecler le coq revenait d'une reconnaissance[2] dans la haie ; il voit fuir ses vassales, et ne comprenant rien à leur effroi, il les rejoint la plume abaissée, le col[3] tendu. Alors, d'un ton de reproche et de mécontentement : « Pourquoi cette presse[4] à regagner la maison ? Êtes-vous folles ? » Pinte, la meilleure tête de la troupe, celle qui pond les plus gros œufs, se charge de la réponse : « C'est que nous avons eu bien peur. – Et de quoi ? Est-ce au moins de quelque chose ? – Oui. – Voyons. – C'est d'une bête des bois qui pouvait nous mettre en mauvais point. – Allons ! dit le coq, ce n'est rien apparemment ; restez, je réponds de tout[5]. – Oh ! tenez, cria Pinte, je viens encore de l'apercevoir. – Vous ? – Oui ; au moins ai-je vu remuer la haie et trembler les feuilles de chou sous lesquelles il se tient caché. – Taisez-vous, sotte que vous êtes, dit fièrement Chantecler, comment un goupil, un putois même pourrait-il entrer ici : la haie n'est-elle pas trop serrée ? Dormez tranquilles ; après tout, je suis là pour vous défendre. »

Chantecler dit, et s'en va gratter un fumier[6] qui semblait l'intéresser vivement. Cependant, les paroles de Pinte lui revenaient, et sans savoir ce qui lui pendait à l'œil[7], il affectait[8] une tranquillité qu'il n'avait pas. Il monte sur la pointe d'un toit, là, un œil ouvert et l'autre clos, un pied crochu et l'autre droit, il observe et regarde çà et là par intervalles, jusqu'à ce que, las[9] de veiller et de chanter, il se laisse involontairement aller au sommeil. Alors il est visité par un songe étrange : il croit voir un objet qui de la

1. Ce n'était pas ce que Renart espérait.
2. Surveillance.
3. Cou.
4. Urgence.
5. Je me charge de tout.
6. Engrais naturel où l'on trouve des vers de terre.
7. Ce qui l'attendait.
8. Il faisait semblant d'avoir.
9. Fatigué.

cour s'avance vers lui, et lui cause un frisson mortel. Cet objet présentait une pelisse rouge engoulée[10] ou bordée de petites pointes blanches ; il endossait[11] la pelisse fort étroite d'entrée, et, ce qu'il ne comprenait pas, il la revêtait par le collet[12], si bien qu'en y entrant, il allait donner de la tête vers la naissance de la queue. D'ailleurs, la pelisse avait la fourrure en dehors, ce qui était tout à fait contre l'usage des pelisses.

Chantecler, épouvanté, tressaille et se réveille : « Saint-Esprit ! dit-il en se signant[13], défends mon corps de mort et de prison ! » Il saute en bas du toit et va rejoindre les poules dispersées sous les buissons de la haie. Il demande Pinte, elle arrive. « Ma chère Pinte, je te l'avoue, je suis inquiet à mon tour. – Vous voulez vous railler[14] de nous apparemment, répond la geline ; vous êtes comme le chien qui crie avant que la pierre ne le touche. Voyons, que vous est-il arrivé ? – Je viens de faire un songe étrange, et vous allez m'en dire votre avis. J'ai cru voir arriver à moi je ne sais quelle chose portant une pelisse rousse, bien taillée sans trace de ciseaux. J'étais contraint de m'en affubler[15]; la bordure avait la blancheur et la dureté de l'ivoire ; la fourrure était en dehors, on me la passait en sens contraire, et comme j'essayais de m'en débarrasser, je tressaillis et me réveillai. Dites-moi, vous qui êtes sage, ce qu'il faut penser de tout cela.

– Eh bien ! tout cela, dit sérieusement Pinte, n'est que songe, et tout songe, dit-on, est mensonge. Cependant je crois deviner ce que le vôtre peut annoncer. L'objet porteur d'une rousse pelisse n'est autre que le goupil, qui voudra

10. Ornée.
11. Portait.
12. Col.
13. En faisant le signe de croix.
14. Moquer.
15. Obligé de la porter.

vous en affubler. Dans la bordure semblable à des grains d'ivoire, je reconnais les dents blanches dont vous sentirez la solidité. L'encolure si étroite de la pelisse, c'est le gosier de la méchante bête ; par elle passerez-vous et pourrez-vous de votre tête toucher la queue dont la fourrure sera en dehors. Voilà le sens de votre songe ; et tout cela pourra bien vous arriver avant midi. N'attendez donc pas, croyez-moi ; lâchons tous le pied[1], car, je vous le répète, il est là, là dans ce buisson, épiant[2] le moment de vous happer[3]. »

Mais Chantecler, entièrement réveillé, avait repris sa première confiance. « Pinte, ma mie, dit-il, voilà de vos terreurs, et votre faiblesse ordinaire. Comment pouvez-vous supposer que moi, je me laisse prendre par une bête cachée dans notre parc ! Vous êtes folle en vérité, et bien fou celui qui s'épouvante d'un rêve. – Il en sera donc, dit Pinte, ce que Dieu voudra : mais que je n'aie plus la moindre part à vos bonnes grâces[4], si le songe que vous m'avez raconté demande une autre explication. – Allons, allons, ma toute belle, dit Chantecler en se rengorgeant, assez de caquet[5] comme cela. » Et de retourner au tas qu'il se plaisait à gratiller[6]. Peu de temps après, le sommeil lui avait de nouveau fermé les yeux.

Or Renart n'avait rien perdu de l'entretien de Chantecler et de Pinte. Il avait vu avec satisfaction la confiance du coq, et quand il le crut bien rendormi, il fit un mouvement, mit doucement un pas devant l'autre, puis s'élança pour le happer d'un seul bond. Mais si doucement ne put-il avancer que Chantecler ne le devinât[7], et n'eût le temps de faire un saut et d'éviter l'atteinte, en volant de l'autre

Les songes

Dans la littérature courtoise du Moyen Âge, le songe est un message divin qui annonce l'avenir sous forme de symboles. Pour en comprendre la signification, il faut l'interpréter. C'est ce que fait Pinte, la poule. Ici, les auteurs du *Roman de Renart* parodient le motif du songe.

1. Prenons la fuite.
2. Attendant.
3. Attraper.
4. À vos faveurs.
5. Assez bavardé.
6. Gratter.
7. Il ne s'avança pas assez doucement pour éviter que Chantecler ne le remarque.

côté du fumier. Renart voit avec dépit[8] qu'il a manqué son coup ; et maintenant, le moyen de retenir la proie qui lui échappe ? « Ah ! mon Dieu, Chantecler, dit-il de sa voix la plus douce, vous vous éloignez comme si vous aviez peur de votre meilleur ami. De grâce, laissez-moi vous dire combien je suis heureux de vous voir si dispos[9] et si agile. Nous sommes cousins germains, vous savez. »

Chantecler ne répondit pas, soit qu'il restât défiant, soit que le plaisir de s'entendre louer par un parent qu'il avait méconnu[10] lui ôta la parole. Mais pour montrer qu'il n'avait pas peur, il entonna un brillant sonnet[11]. « Oui, c'est assez bien chanté, dit Renart, mais vous souvient-il du bon Chanteclin qui vous mit au monde ? Ah ! c'est lui qu'il fallait entendre. Jamais personne de sa race n'en approchera. Il avait, je m'en souviens, la voix si haute, si claire, qu'on l'écoutait une lieue[12] à la ronde, et pour prolonger les sons tout d'une haleine, il lui suffisait d'ouvrir la bouche et de fermer les yeux. – Cousin, fait alors Chantecler, vous voulez apparemment railler[13]. – Moi, railler un ami, un parent aussi proche ? Ah ! Chantecler, vous ne le pensez pas. La vérité c'est que je n'aime rien tant que la bonne musique, et je m'y connais. Vous chanteriez bien si vous vouliez ; clignez seulement un peu de l'œil, et commencez un de vos meilleurs airs. – Mais d'abord, dit Chantecler, puis-je me fier[14] à vos paroles ? Éloignez-vous un peu, si vous voulez que je chante : vous jugerez mieux, à distance, de l'étendue de mon fausset[15]. – Soit, dit Renart, en reculant à peine, voyons donc, cousin, si vous êtes réellement fils de mon bon oncle Chanteclin.

8. Avec déception.
9. Bien portant.
10. Ne connaissait pas.
11. Chant.
12. 4 km environ.
13. Vous moquer.
14. Faire confiance.
15. Ma voix aiguë.

Le coq, un œil ouvert, l'autre fermé, et toujours un peu sur ses gardes, commence alors un grand air. « Franchement, dit Renart, cela n'a rien de vraiment remarquable ; mais Chanteclin, ah ! c'était lui : quelle différence ! Dès qu'il avait fermé les yeux, il prolongeait les traits[1] au point qu'on l'entendait bien au-delà du plessis. Franchement, mon pauvre ami, vous n'en approchez pas. » Ces mots piquèrent[2] assez Chantecler pour lui faire oublier tout, afin de se relever dans l'estime de son cousin : il cligna des yeux, il lança une note qu'il prolongeait à perte d'haleine[3], quand l'autre, croyant le bon moment venu, s'élance comme une flèche, le saisit au col et se met à la fuite avec sa proie. Pinte, qui le suivait des yeux, pousse alors un cri des plus aigus. « Ah ! Chantecler, je vous l'avais bien dit ; pourquoi ne m'avoir pas crue ! Voilà Renart qui vous emporte. Ah ! pauvre dolente[4]! Que vais-je devenir, privée de mon époux, de mon seigneur, de tout ce que j'aimais au monde ! »

Cependant au moment où Renart saisissait le pauvre coq, le jour tombait, et la vieille femme, gardienne de l'enclos, ouvrait la porte du gelinier[5]. Elle appelle Pinte, Bise, Roussette ; personne ne répond ; elle lève les yeux, elle voit Renart emportant Chantecler à toutes jambes. « Haro[6], Haro ! s'écria-t-elle, au Renart, au voleur ! » et les vilains d'accourir de tous côtés. « Qu'y a-t-il ? pourquoi cette clameur ? – Haro ! crie de nouveau la vieille, le goupil emporte mon coq. – Eh ! pourquoi, méchante vieille, dit Constant Desnois, l'avez-vous laissé faire ? – Parce qu'il n'a pas voulu m'attendre. – Il fallait le frapper. – Avec quoi ? – De votre quenouille[7]. – Il courait trop fort ; vos chiens bretons

1. Chants.
2. Vexèrent.
3. À en perdre le souffle.
4. Malheureuse que je suis.
5. Poulailler.
6. Au secours !
7. Instrument qui sert à filer la laine.

ne l'auraient pas rejoint. – Par où va-t-il ? – De ce côté ; tenez, le voyez-vous là-bas ? »

Renart franchissait alors les haies ; mais les vilains l'entendirent tomber de l'autre côté et tout le monde se mit à sa poursuite. Constant Desnois lâche Mauvoisin, son gros dogue[8]. On retrouve la piste, on l'approche, on va l'atteindre. *Le goupil*[9] *! le goupil !* Renart n'en courait que plus vite. « Sire Renart, dit alors le pauvre Chantecler d'une voix entrecoupée, laisserez-vous ainsi maugréer[10] ces vilains ? À votre place je m'en vengerais, et je les gaberais[11] à mon tour. Quand Constant Desnois dira à ses valets : *Renart l'emporte ;* répondez : *Oui, à votre nez*[12]*, et malgré vous.* Cela seul les fera taire. » On l'a dit bien souvent ; il n'est sage qui parfois ne follie[13]. Renart, le trompeur universel, fut ici trompé lui-même, et quand il entendit la voix de Constant Desnois, il prit plaisir à lui répondre : « Oui, vilains, je prends votre coq, et malgré vous. » Mais Chantecler, dès qu'il ne sent plus l'étreinte des dents, fait un effort, échappe, bat des ailes, et le voilà sur les hautes branches d'un pommier voisin, tandis que, dépité[14] et surpris, Renart revient sur ses pas et comprend la sottise irréparable qu'il a faite. « Ah ! mon beau cousin, lui dit le coq, voilà le moment de réfléchir sur les changements de fortune. – Maudite soit, dit Renart, la bouche qui s'avise de parler quand elle doit se taire ! – Oui, reprend Chantecler, et la malegoute[15] crève l'œil qui va se fermer quand il devait s'ouvrir plus grand que jamais. Voyez-vous, Renart, fol toujours sera qui de rien vous croira[16] : au diable votre beau cousinage ! J'ai vu le moment où j'allais le payer bien cher ; mais pour vous,

8. Chien de chasse.
9. Renard.
10. Manifester leur colère.
11. Je leur ferais une farce.
12. Devant vos yeux.
13. Il n'est pas de sage qui parfois ne cède à la folie.
14. Déçu.
15. Maladie des yeux.
16. Il sera fou, celui qui vous croira.

je vous engage à jouer des jambes, si pourtant vous tenez à votre pelisse. »

Renart ne s'amusa pas à répondre. Une fourrée[1] le mit à l'abri des chasseurs. Il s'éloigna, l'âme triste et la panse[2] vide, tandis que le coq, longtemps avant le retour des vilains, regagnait joyeusement l'enclos, et rendait par sa présence le calme à tant d'amies que son malheur avait douloureusement affectées[3].

1. Ensemble d'arbustes très touffus.
2. Le ventre.
3. Remplies de douleur.

Renart et la mésange

Comment Renart ne put obtenir de la mésange le baiser de paix[4].

RENART COMMENÇAIT À SE CONSOLER des méchants tours de Chantecler et de Tiécelin[5] quand, sur la branche d'un vieux chêne, il aperçut la mésange, laquelle avait déposé sa couvée[6] dans le tronc de l'arbre. Il lui donna le premier salut : « J'arrive bien à propos, commère[7] ; descendez, je vous prie ; j'attends de vous le baiser de paix, et j'ai promis que vous ne le refuseriez pas. – À vous, Renart ? fait la mésange. Bon, si vous n'étiez pas ce que vous êtes, si l'on ne connaissait vos tours et vos malices[8] ! Mais, d'abord, je ne suis pas votre commère ; seulement, vous le dites pour ne pas changer d'habitudes en prononçant un mot de vérité. – Que vous êtes peu charitable ! répond Renart, votre fils est bien mon filleul[9] par la grâce du saint baptême, et je n'ai jamais mérité de vous déplaire. Mais si je l'avais fait, je ne choisirais pas un jour comme celui-ci pour recommencer. Écoutez bien : sire Noble, notre roi, vient de proclamer la paix générale ; plaise à Dieu qu'elle soit de longue durée ! Tous les barons l'ont jurée, tous ont promis d'oublier les anciens sujets de querelle[10]. Aussi les petites[11] gens sont dans la joie ; le temps est passé des disputes, des procès et des meurtres ; chacun aimera son voisin, et chacun pourra dormir tranquille.

– Savez-vous, damp[12] Renart, dit la mésange, que vous dites là de belles choses ? Je veux bien les croire à demi ;

4. Baiser échangé en signe de paix.
5. Le corbeau.
6. Ses œufs.
7. Voir encadré, p. 17.
8. Ruses.
9. Celui dont je suis le parrain.
10. Dispute.
11. Pauvres.
12. Seigneur.

mais cherchez ailleurs qui vous baise[1], ce n'est pas moi qui donnerai l'exemple.

– En vérité, commère, vous poussez la défiance[2] un peu loin ; je m'en consolerais, si je n'avais juré d'obtenir le baiser de paix de vous comme de tous les autres. Tenez, je fermerai les yeux pendant que vous descendrez m'embrasser. – S'il en est ainsi, je le veux bien, dit la mésange. Voyons vos yeux : sont-ils bien fermés ? – Oui. – J'arrive. » Cependant l'oiseau avait garni sa patte d'un petit flocon de mousse qu'il vint déposer sur les barbes de Renart. À peine celui-ci a-t-il senti l'attouchement[3] qu'il fait un bond pour saisir la mésange, mais ce n'était pas elle, il en fut pour sa honte. « Ah ! voilà donc votre paix, votre baiser ! Il ne tient pas à vous que le traité ne soit déjà rompu. – Eh ! dit Renart, ne voyez-vous pas que je plaisante ? je voulais voir si vous étiez peureuse. Allons ! recommençons ; tenez, me voici les yeux fermés. » La mésange, que le jeu commençait à amuser, vole et sautille, mais avec précaution. Renart montrant une seconde fois les dents : « Voyez-vous, lui dit-elle, vous n'y réussirez pas ; je me jetterais plutôt dans le feu que dans vos bras. – Mon Dieu ! dit Renart, pouvez-vous ainsi trembler au moindre mouvement ! Vous supposez toujours un piège caché : c'était bon avant la paix jurée. Allons ! une troisième fois, c'est le vrai compte ; en l'honneur de Sainte Trinité[4]. Je vous le répète ; j'ai promis de vous donner le bai ser de paix, je dois le faire, ne serait-ce que pour mon petit filleul que j'entends chanter sur l'arbre voisin. »

Renart prêche[5] bien sans doute, mais la mésange fait la sourde oreille et ne quitte plus la branche de chêne.

Paix jurée

Au Moyen Âge, les guerres étaient très fréquentes. La rivalité entre les seigneurs avait des conséquences terribles, dont les paysans étaient les premières victimes : massacres, pillages, famines... Peu à peu, sous l'influence de l'Église, la trêve de Dieu fut créée : certains jours, tout acte de violence était interdit. On prononçait alors un serment, la « paix jurée », et on échangeait le « baiser de paix ». Toutefois, tout comme Renart, certains seigneurs n'hésitaient pas à rompre la paix jurée.

1. Quelqu'un pour vous embrasser.
2. Méfiance.
3. Le contact.
4. Dans la religion chrétienne : le Père, le Fils et le Saint-Esprit.
5. Parle comme un prêtre qui fait un sermon.

Cependant voici des veneurs[6] et des braconniers[7], les chiens et les coureurs[8] de damp Abbé, qui s'embatent[9] de leur côté. On entend le son des grailes[10] et des cors[11], puis tout à coup : *Le goupil[12] ! le goupil !* Renart, à ce cri terrible, oublie la mésange, serre la queue entre les jambes, pour donner moins de prise à la dent des lévriers. Et la mésange alors de lui dire : « Renart ! pourquoi donc vous éloigner ? La paix n'est-elle pas jurée ? – Jurée, oui, répond Renart, mais non publiée. Peut-être ces jeunes chiens ne savent-ils pas encore que leurs pères l'ont arrêtée[13]. – Demeurez, de grâce ! je descends pour vous embrasser. – Non ; le temps presse, et je cours à mes affaires. »

6. Chasseurs.
7. Personnes qui tiennent les chiens de chasse.
8. Chevaux rapides.
9. Arrivent en courant.
10. Sortes de trompettes allongées.
11. Trompettes de chasse.
12. Renard (voir encadré, p. 21).
13. Décidée.

Renart et Tybert le chat

Comment Tybert prit les soudées[1] de Renart, et comme il en cuit[2] de s'attaquer à un vieux chat.

Échappé de la rencontre des veneurs[3] et du frère convers[4], Renart avait gagné de larges fossés qu'il connaissait, et les avait mis entre la meute et lui. Mais il avait grand besoin de repos : sa faim, plusieurs fois irritée[5], n'avait pas été satisfaite ; il se promettait de prendre une autre fois sa revanche du corbeau, de la mésange et surtout de Chantecler quand, au détour d'un vieux chemin, il aperçoit Tybert le chat, se déduisant[6] avec lui-même et sans compagnie. Heureux Tybert ! sa queue lui suffisait pour exercer son adresse et lui donner carrière[7]: il la guettait de l'œil, la poursuivait, la laissait aller et venir, la saisissait au moment où elle y pensait le moins, l'arrêtait entre ses pattes et la couvrait alors de caresses, comme s'il eût craint de l'avoir un peu trop malmenée. Il venait de prendre la pose la plus abandonnée, tour à tour allongeant les griffes et les ramenant dans leur fourreau de velours, fermant les yeux et les entrouvrant d'un air de béatitude, entonnant ce murmure particulier que notre langue ne sait nommer qu'en l'imitant assez mal, et qui semble montrer que le repos parfait du corps, de l'esprit et du cœur peut conduire à l'état le plus doux et le plus désirable. Tout à coup, le voilà tiré de son voluptueux recueillement[8] par la visite la moins attendue. Renart est à quelques pas de lui : Tybert l'a reconnu à sa robe rousse, et se levant alors autant pour se mettre en garde[9] que par un juste sentiment de déférence[10] : « Sire, dit-

1. Salaires.
2. Combien il est douloureux.
3. Chasseurs.
4. Moine.
5. Excitée.
6. S'amusant.
7. Lui donner de l'exercice.
8. Plaisir tranquille.
9. Se méfier.
10. Respect.

il, soyez le bienvenu ! – Moi, répond brusquement Renart, je ne te salue pas. Je te conseille même de ne pas chercher à me rencontrer, car je ne te vois jamais sans désirer que ce soit pour la dernière fois. »

Tybert ne jugea pas à propos d'essayer une justification ; il se contenta de répondre doucement : « Mon beau seigneur, je suis désolé d'être si mal en grâce[11] auprès de vous. » Renart cependant n'était pas en état de chercher noise[12] ; car il jeûnait[13] depuis longtemps, et il était harassé de fatigue. Quant à Tybert, il était gros et séjourné[14]; sous de longs grenons[15] argentés et luisants reposaient des dents bien aiguisées ; ses ongles étaient grands, forts et effilés[16] ; d'ailleurs, damp Renart n'aimait pas les combats à force égale. L'air décidé de Tybert lui ayant fait changer de ton : « Écoute-moi, lui dit-il, je veux bien t'annoncer que j'ai entrepris contre mon compère Ysengrin une guerre sérieuse et terrible. J'ai déjà retenu plusieurs vaillants soudoyers[17] ; si tu voulais en augmenter le nombre, tu ne t'en trouverais pas mal, car je prétends lui donner assez de besogne[18] avant d'accepter la moindre trêve[19]. Bien maladroit celui qui ne trouvera pas avec nous l'occasion de gagner un riche butin. »

Tybert fut charmé du tour que la conversation avait pris. « Sire, dit-il, vous pouvez compter sur moi, je ne vous ferai pas défaut[20]. J'ai de mon côté un compte à régler avec Ysengrin, et je ne désire rien tant que son dommage[21]. » L'accord fut bientôt conclu, la foi jurée[22], et Tybert accepta les soudées de Renart pour une guerre dont il ignorait la cause et qui n'était pas déclarée. Les voilà faisant route

11. Si mal considéré.
12. De se disputer.
13. Il n'avait pas mangé.
14. Reposé.
15. Longues moustaches.
16. Pointus.
17. Soldats.
18. Soucis.
19. Paix.
20. Je ne vous trahirai pas.
21. Lui faire du mal.
22. Le serment prêté.

chacun sur son cheval (*car notre poète fait volontiers voyager ses héros comme nobles gens de guerre*) ; en apparence les meilleurs amis du monde, mais au fond disposés à s'aider de la trahison dès que l'occasion s'en présentera.

Tout en chevauchant, Renart avise[1], au beau milieu de l'ornière[2] qui bordait le bois, un fort collet[3] tendu dans une souche[4] de chêne entrouverte. Comme il prenait garde à tout, il l'esquiva[5] ; mais l'espoir lui sourit de voir Tybert moins heureux. Il s'approche de son nouvel homme d'armes et lui jetant un ris[6]: « Je voudrais bien, mon cher Tybert, lui dit-il, éprouver la force et l'agilité de votre cheval : sans doute on peut le recevoir dans les montres[7], mais je voudrais en être sûr. Voyez-vous cette ligne étroite qui longe le bois ; élancez-vous bride abattue[8] droit devant vous ; l'épreuve sera décisive. – Volontiers », répond Tybert, qui soudain prend son élan et galope. Mais arrivé devant le collet, il le reconnaît à temps, recule de deux pas et passe rapidement à côté. Renart le suivait des yeux. « Ah ! Tybert, votre cheval bronche[9], il ne garde pas la voie[10]. Arrêtez-vous, et recommençons ! » Tybert, qui ne doutait plus de la trahison, ne fait pas de difficulté. Il reprend du champ[11], pique des deux[12], arrive une seconde fois devant le collet, et saute une seconde fois par-dessus avec la même légèreté. Renart comprend que sa malice est découverte ; mais sans se déconcerter[13]: « Vraiment, Tybert, j'avais trop bien jugé de votre cheval : il vaut moins que je ne pensais ; il se cabre, il se détourne, il ne sera pas reçu par le maréchal[14] de mon ost, et vous n'en tirerez pas un grand prix. » Tybert s'excuse du mieux qu'il peut ; mais pendant qu'il offre de faire un

L'ost

Renart a une armée, qu'il appelle son ost (du latin *hostis*, l'ennemi). Pour assurer la défense de son fief, chaque seigneur avait une armée privée à sa disposition. Renart, lui, n'a pas de vassaux fidèles et doit engager des hommes qui reçoivent une somme d'argent, la solde ou la soudée.

1. Aperçoit.
2. Du talus.
3. Piège.
4. Base du tronc d'un arbre abattu.
5. L'évita
6. Rire.
7. Le voir dans les parades.
8. À toute vitesse.
9. Fait un faux pas.
10. Il ne suit pas la route.
11. Recule pour prendre son élan.
12. Sous-entendu : des deux éperons.
13. Sans paraître surpris.
14. Chef militaire.

troisième essai, voilà deux mâtins[15] qui accourent à toutes jambes et donnent des voix[16] en apercevant Renart. Celui-ci, dans son trouble, oublie le collet dont il se rapproche pour se perdre dans le bois ; mais Tybert, moins effrayé, saisit l'occasion, et simulant une égale terreur, se jette sur Renart qui, pour se retenir, avance le pied gauche justement sur le collet. La clef[17] qui tendait le piège tombe, la large fente se referme, et c'est messire Renart qui se trouve pris. Voilà Tybert au comble de ses vœux ; car il croit être bien sûr que son compagnon ne s'en tirera pas : « Demeurez[18], lui dit-il, demeurez, mon seigneur Renart ; ne vous inquiétez pas de moi, je saurai me réfugier en lieu sûr. Mais ne l'oubliez pas une autre fois : à trompeur, trompeur et demi[19] ; ce n'est pas à Tybert que Renart doit se prendre[20]. »

Disant ces mots il s'éloigne, car déjà les chiens étaient acharnés sur Renart. Averti par leurs abois[21], le vilain[22] accourt qui avait disposé le collet. Il lève sa lourde hache : qu'on juge de l'épouvante de Renart ! Jamais il n'avait vu la mort de si près. Par bonheur, la hache tombe à faux[23], rouvre le piège, et Renart, délivré par celui qui devait le tuer, prend le large[24], disparaît dans la forêt sans que les cris du vilain, le glapissement[25] désespéré des chiens soient capables de lui faire tourner la tête. Vainement[26] est-il poursuivi ; il sait leur donner le change[27] et quand il fut délivré de ce danger extrême, il s'étend presque inanimé sur le revers[28] d'un chemin perdu. Peu à peu la douleur des blessures dont il était couvert lui fait reprendre ses esprits : il s'étonne d'avoir pu si longtemps courir, et tout en léchant

15. Gros chiens de garde.
16. Aboient.
17. Le mécanisme.
18. Restez.
19. Celui qui trompe finit toujours par rencontrer plus rusé que lui.
20. S'en prendre.
21. Aboiements.
22. Paysan.
23. À côté.
24. S'enfuit.
25. Cri aigu.
26. Inutilement.
27. Leur échapper.
28. Côté.

ses plaies, en étanchant le sang qui en sortait, il se rappelle avec épouvante et dépit[1] la coignée[2] du vilain, le mauvais tour et les railleries de Tybert.

1. Colère mêlée de chagrin.
2. Hache.

Pause lecture 2

Aventures 5 à 7

À trompeur, trompeur et demi

Une suite d'aventures

Avez-vous bien lu ?

Bise et Roussette sont :

❏ des oies ?

❏ des poules ?

❏ des canards ?

Le cadre et les personnages

1 Quels sont les différents lieux où se déroulent ces trois aventures ?

2 Sont-ils longuement décrits ? Pourquoi, selon vous ?

3 Quel animal fait l'objet d'une longue description ? Relevez le champ lexical de la douceur. Quel temps verbal domine ? Expliquez l'emploi de ce temps.

4 Le portrait physique de Renart est-il détaillé ? Sur quelle particularité l'auteur insiste-t-il ?

Le récit

5 Comparez le début des trois aventures. Quels sont leurs points communs ? À la fin de chaque histoire, qui fait fuir Renart ?

6 Quel est le rôle des dialogues dans la stratégie de Renart ?

7 À quel temps verbal les ruses sont-elles racontées ? Quelle est la valeur de ce temps ? Les phrases sont-elles courtes ou longues ? Quel est l'effet produit par ces procédés ?

Une parodie du roman courtois

Avez-vous bien lu ?

Que propose Renart à Tybert ?

❏ De chasser Ysengrin.
❏ De tromper Ysengrin.
❏ De partir en guerre contre Ysengrin.

Des animaux qui jouent aux seigneurs

1 Sur quel ton Chantecler parle-t-il à Pinte et aux poules (p. 32, l. 31 à 45) ? Relevez, dans ses propos, le vocabulaire de la féodalité. Qui Chantecler gouverne-t-il en réalité ?

2 Selon Renart, quels sont les avantages de la paix jurée (p. 39, l. 16 à 22) ? La mésange y croit-elle ?

3 Lors de leur rencontre, comment Tybert interpelle-t-il Renart (p. 43) ? Pourquoi ? Contre qui Renart est-il en guerre ?

Des valeurs peu chevaleresques

4 À qui Renart ment-il ? Qui prend-il à témoin pour appuyer son serment à la mésange (p. 40, l. 49-50) ? Que fait-il alors ?

5 Les principales valeurs du chevalier sont : la loyauté, la piété, la force et le courage. Montrez par des exemples précis que Renart n'en respecte aucune.

Renart, le trompeur trompé

Avez-vous bien lu ?

La mésange est-elle :

❑ joueuse ?
❑ méfiante ?
❑ imprudente ?

La confiance règne !

1 Montrez que tous les animaux se méfient de Renart. Par quels termes péjoratifs est-il désigné ?

2 Pour chaque aventure, comptez combien de fois Renart doit s'y prendre pour piéger ses victimes. Que remarquez-vous ?

3 Quel défaut de Chantecler et de Tybert Renart exploite-t-il pour essayer de les tromper ?

La ruse, une technique partagée

4 Comment Chantecler réussit-il à se sauver ? De quel défaut Renart fait-il preuve ?

5 Comment la mésange déjoue-t-elle la ruse de Renart ? Quelles qualités révèle-t-elle à cette occasion ?

6 Montrez que, dans l'aventure avec Tybert, Renart a sous-estimé son adversaire.

Du texte à l'image

Observez la planche de bande dessinée → voir dossier images p. II

Blacksad, « Artic-Nation » (t. 2), Diáz Canales et Guarnido, éditions Dargaud, 2003.

1. Décrivez et opposez les deux personnages (attitudes, vêtements...).
2. Selon vous, quel métier exerce chacun des personnages ?
3. Quelles qualités demandent ces activités ?
4. Quels points communs ces personnages ont-ils avec Renart et Tybert ?

À vous de jouer

Parodiez un code d'honneur

Percehaie, le fils de Renart, doit entrer dans la confrérie des Trompeurs. Renart lui lit le code d'honneur, qui contient les devoirs du Trompeur : à vous de l'écrire !

Lisez La Fontaine

Retrouvez la fable de La Fontaine « Le Coq et le Renard » et lisez-la. Quels éléments retrouvez-vous dans le *Roman de Renart* ?

La conversion d'Ysengrin

Où l'on voit comment Ysengrin eut envie de se convertir, et comme il fut ordonné moine de l'abbaye de Tyron[1].

Pendant que Renart est ainsi festoyé[2] dans Maupertuis, que la sage Hermeline (car la dame a jugé convenable d'abandonner son premier nom de Richeut, pour en prendre un autre plus doux et plus seigneurial), qu'Hermeline lui frotte et rafraîchit les jambes, que ses enfants écorchent[3] les anguilles[4], les taillent, les étendent sur des tablettes de coudrier[5], et les posent doucement sur la braise, voilà qu'on entend frapper à la porte. C'est monseigneur Ysengrin, lequel, ayant chassé tout le jour sans rien prendre, était venu d'aventure[6] s'asseoir devant le château de Maupertuis. Bientôt la fumée qui s'échappait du haut des toits frappe son attention, et profitant d'une petite ouverture entre les ais[7] de la porte, il croit voir les deux fils de la maison occupés à retourner de belles côtelettes sur les charbons ardents. Quel spectacle pour un loup mourant de faim et de froid ! Mais il savait le naturel[8] de son compère aussi peu généreux que le sien ; et la porte étant fermée, il demeura quelque temps à lécher ses barbes[9], en étouffant ses cris de convoitise[10]. Puis il grimpe à la hauteur d'une fenêtre, et ce qu'il y voit confirme ses premières découvertes. Maintenant, comment pénétrer dans ce lieu de délices ? comment décider Renart à défermer[11] sa porte ? Il s'accroupit, se relève, tourne et retourne, bâille à se démettre la mâchoire, regarde encore, essaie de fermer les yeux ; mais les yeux reviennent d'eux-

1. Village de Normandie.
2. Fêté.
3. Enlèvent la peau.
4. Cet épisode se déroule juste après l'aventure 3 (p. 20).
5. Noisetier.
6. Par hasard.
7. Planches de bois.
8. Caractère.
9. Moustaches.
10. D'envie.
11. Ouvrir.

mêmes plonger dans la salle qui lui est interdite : « Voyons pourtant, dit-il, essayons de l'émouvoir : Eh ! compère ! beau neveu Renart ! Je vous apporte bonnes nouvelles ! J'ai hâte de vous les dire. Ouvrez-moi. »

Renart reconnut aisément la voix de son oncle, et n'en fut que mieux résolu[1] de faire la sourde oreille. « Ouvrez donc, beau sire ! disait Ysengrin. Ne voulez-vous pas prendre votre part du bonheur commun ? » À la fin, Renart, qui avait son idée, prit le parti de répondre au visiteur.

« Qui êtes-vous, là-haut ?

– Je suis moi.

– Qui vous ?

– Votre compère[2].

– Ah ! je vous prenais pour un larron[3].

– Quelle méprise ![4] c'est moi ; ouvrez.

– Attendez au moins que les frères soient levés de table.

– Les frères ? il y a des moines chez vous ?

– Assurément, ou plutôt de vrais chanoines[5]; ceux de l'abbaye de Tyron, enfants[6] de saint Benoît, qui m'ont fait la grâce de me recevoir dans leur ordre.

– Nomenidam[7]! alors, vous m'hébergerez aujourd'hui, n'est-ce pas ? et vous me donnerez quelque chose à manger ?

– De tout notre cœur. Mais d'abord répondez. Venez-vous ici en mendiant ?

– Non ; je viens savoir de vos nouvelles. Ouvrez-moi.

– Vous demandez une chose impossible.

– Comment cela ?

– Vous n'êtes pas en état.

1. Décidé.
2. Voir encadré, p. 17.
3. Voleur.
4. Quelle erreur !
5. Religieux vivant en communauté.
6. Moines.
7. Déformation de *in nomine domini* : au nom de Dieu ! (juron).

– Je suis en état de grand appétit. N'est-ce pas de la viande que je vous vois préparer ?

– Ah ! bel oncle ! vous nous faites injure. Vous savez bien qu'en religion on fait vœu de renoncer à toute œuvre de chair ?

– Et que mangent-ils donc, vos moines ? des fromages mous ?

– Non pas précisément ; mais de gros et gras poissons. Notre père saint Benoît recommande même de choisir toujours les meilleurs.

– Voilà du nouveau pour moi. Mais enfin cela ne doit pas vous empêcher de m'ouvrir et de m'accorder gîte[8] pour cette nuit.

– Je le voudrais bien ; par malheur, il faut, pour entrer, être ordonné moine ou ermite[9]. Vous ne l'êtes pas ; bonsoir ! passez votre chemin.

– Ah ! voilà de méchants moines ; je ne les reconnais pas à leur charité : mais j'entrerai malgré vous. Non ! la porte est trop forte, et la fenêtre est barrée[10]. Compère Renart, vous avez parlé de poisson, je ne connais pas cette viande. Est-elle bonne ? Pourrais-je en avoir un seul morceau, simplement pour en goûter ?

– Très volontiers et bénie soit notre pêche aux anguilles, si vous en voulez bien manger. »

Il prend alors sur la braise deux tronçons parfaitement grillés, mange le premier et porte l'autre à son compère. « Tenez, bel oncle, approchez ; nos frères vous envoient cela, dans l'espoir que vous serez bientôt des nôtres.

La règle de saint Benoît

Saint Benoît (VIe siècle) a fondé le premier monastère en Europe, où les moines se soumettaient à certaines règles de vie : ils devaient en effet vivre en silence, pauvrement, faire la charité et obéir à un abbé, leur supérieur. La devise de saint Benoît est : *Ora et labora* (« Prie et travaille »).

8. Un abri.
9. Religieux retiré dans un lieu désert pour y mener une vie très austère.
10. Fermée par une planche.

– J'y penserai, cela pourra bien être ; mais pour Dieu ! donnez, en attendant.

– Voici. Eh bien, que vous semble[1]?

– Mais c'est le meilleur manger du monde. Quel goût, quelle saveur ! je me sens bien près de ma conversion. Ne pourriez-vous m'en donner un second morceau ?

– Par nos bottes ! si vous voulez être moine, vous serez bientôt mon supérieur ; car, je n'en doute pas, avant la Pentecôte[2], nos frères s'entendront[3] pour vous élire abbé[4].

– Se pourrait-il ? oh ! non, vous raillez[5].

– Non vraiment ; par mon chef![6] vous feriez le plus beau rendu[7] du monde, et quand vous aurez passé les draps noirs[8] sur votre pelisse grise…

– Alors, vous me donnerez autant de poisson que je voudrai ?

– Tant que vous voudrez.

– Cela me décide ; faites-moi rogner[9] tout de suite.

– Non pas seulement rogner, mais raser.

– Raser ? je ne croyais pas qu'on exigeât cela. Qu'on me rase donc !

– Il faut attendre que l'eau soit un peu chaude : la couronne n'en sera que plus belle. Allons ! elle est à peu près comme il faut ; ni trop froide ni bouillante. Baissez-vous seulement un peu et passez votre tête par le pertuis[10] que j'ouvre maintenant. »

Ysengrin fait ce qu'on lui dit ; il allonge l'échine[11], avance la tête, et Renart aussitôt renverse le pot et l'inonde d'eau bouillante. « Ah ! s'écrie le pauvre Ysengrin, je suis perdu ! je suis mort ! au diable la tonsure ! vous la faites

La tonsure

Dans certains monastères, on pratiquait la tonsure : on rasait une partie des cheveux du moine. Ce dernier renonçait ainsi au monde extérieur, aux apparences, pour une vie simple, faite d'étude et de prières. Après le rasage, on rinçait le crâne avec de l'eau... sans ébouillanter le moine !

1. Qu'en pensez-vous ?
2. Fête religieuse qui a lieu environ quarante jours après Pâques.
3. Se mettront d'accord.
4. Père supérieur dans un monastère ou une abbaye.
5. Vous vous moquez de moi.
6. Sur ma tête !
7. Vous seriez le plus beau moine.
8. Les moines bénédictins portent une tunique noire.
9. Coupez-moi les cheveux.
10. La petite ouverture.
11. Le dos.

trop grande. » Renart, qui riait sous cape : « Non, compère, on la porte ainsi ; elle est tout au plus de la largeur voulue. – Cela n'est pas possible. – Je vous le proteste[12], et j'ajoute que la règle du couvent demande que vous passiez dehors la première nuit en pieuses veilles[13]. – Si j'avais su tout cela, dit Ysengrin, et surtout comment on rasait les moines, au diable si l'envie m'eût pris de le devenir ! mais il est trop tard pour s'en dédire[14]. Au moins, me servira-t-on des anguilles ? – Une journée, dit Renart, est bientôt passée ; d'ailleurs je vais vous rejoindre pour vous la faire trouver moins longue. » Cela dit, il sortit par une porte secrète connue de lui seul, et arriva près d'Ysengrin.

Tout en parlant de la vie douce et édifiante[15] des moines, il conduisit le nouveau rendu sur le bord d'un vivier[16], où lui arriva l'aventure que nous allons vous raconter[17].

12. Je vous l'assure.
13. En veillant et en priant.
14. Revenir sur ma décision.
15. Exemplaire.
16. Étang destiné à l'élevage du poisson.
17. Voir aventure 4, p. 23.

Primaut devient prêtre

Comment Renart trouva la boîte aux oublies[1], et comment Primaut[2], ordonné prêtre, voulut sonner les cloches et chanter la messe : ce que l'on estima fort étrange.

Certain prêtre[3], un jour, traversait la plaine, portant devant lui sur sa poitrine une boîte remplie de ces gâteaux légers connus sous le nom d'oublies, que l'on découpait plus tard pour en faire des pains à chanter[4]. Au bout de la plaine était une haie : le prêtre en la traversant avait laissé tomber la boîte aux oublies, et ne s'en était pas aperçu. Renart arrive, trouve la boîte et l'emporte à travers champs. Quand il se vit dans un endroit écarté : « Voyons, dit-il, ce qu'il y a là-dedans. » Il ouvre, trouve plus de cent oublies et les mange toutes à l'exception de deux qu'il garde pliées en double entre ses dents. Il n'eut pas fait vingt pas qu'il aperçut damp[5] Primaut venant à lui d'un pas rapide, comme s'il le reconnaissait. « Renart, dit-il, sois le bienvenu ! – Et vous, damp Primaut, Dieu vous garde et vous donne bon jour ! Peut-on savoir d'où votre seigneurie accourt si vite ? – Je viens du bois où j'ai chassé longtemps sans rien trouver. Mais que portes-tu donc là ?

Renart : De bons et beaux gâteaux d'église ; des oublies.

Primaut : Des gâteaux ! où les as-tu découverts ?

Renart : Mais apparemment où ils étaient ; ils m'y attendaient, je suppose.

Primaut : Ah ! cher ami, partageons, je te prie.

1. Hosties, petites rondelles de pain utilisées pendant la messe.
2. Frère d'Ysengrin le loup.
3. Un prêtre.
4. Hosties.
5. Seigneur.

Renart : Je vous les donne, et je vous les donnerais quand même ils vaudraient cinq cents livres[6]. »

Primaut ayant mangé les oublies de grand cœur : « Renart, sais-tu que ces gâteaux sont fort bons ? En as-tu d'autres ? – Non, pour le moment. – Eh bien, j'en ai regret ; car, par saint Germain et l'âme de mon père, je sens une faim horrible. Je n'avais rien mangé aujourd'hui, et malgré tes oublies, je me sens prêt à défaillir[7]. – Prenez, dit Renart, un peu de courage. Vous voyez là-bas ce moutier[8]? Allons-y, nous y trouverons autant d'oublies que nous voudrons. – Ah ! cher ami Renart, s'il en était ainsi, j'en serais reconnaissant toute ma vie. – Laissez-moi faire, et vous allez être content, je le promets sur ma tête. Marchez devant, je suivrai. »

Ils courent et bientôt arrivent devant le moutier que desservait le prêtre[9] à la boîte d'oublies. La porte était fermée : ils creusent la terre sous les degrés[10] de l'entrée et pratiquent une ouverture.

Les voilà dans l'église. Sur l'autel[11] se trouvaient des oublies recouvertes d'une blanche serviette. Enlever le linge et dévorer les gâteaux fut pour Primaut l'affaire d'un instant. « En vérité, frère Renart, ces gâteaux me plaisent beaucoup : mais plus j'en ai mangé et plus j'ai souhaité d'en manger encore. Quelle est cette huche[12], là près ? ne contiendrait-elle pas quelque bonne chose ? voyons, ouvrons-la. – Je ne demande pas mieux. »

Ils vont à la huche. Primaut, le plus fort et le plus avide, en brise la fermeture : ils y trouvent du pain, du vin et de bonnes viandes. « Dieu soit loué ! dit Primaut, cela vaut

6. Ancienne monnaie.
7. M'évanouir.
8. Monastère.
9. Où le prêtre célébrait la messe.
10. Marches de l'escalier.
11. Table servant à célébrer la messe.
12. Ce coffre destiné à conserver la nourriture.

encore mieux que les oublies ; et nous avons de quoi faire un excellent repas. Tiens, Renart, va prendre la nappe de l'autel, étends-la ici et apporte-nous du sel. L'honnête homme que ce prêtre[1], pour avoir si bien garni la huche ! Voilà tout préparé ; mangeons ce que Dieu nous envoie. »

Parlant ainsi, Primaut tirait les provisions. Elles furent posées sur la nappe, et, tranquilles comme dans leur propre demeure, les deux compagnons s'assirent et mangèrent à qui mieux mieux[2].

Mais si Renart ne jouait pas un mauvais tour à Primaut, il en aurait une honte mortelle. « Cher ami, dit-il, je suis ravi de vous voir en si bon point. Versez et buvez, nous n'avons personne à craindre. – Oui, buvons, répond Primaut, il y a du vin pour trois. » Cependant, à force de hausser[3] le bras, la tête de damp Primaut s'embarrasse[4], et Renart, tout en se ménageant[5], continuait à l'exciter. « Çà, disait-il, nous ne faisons rien ; vous buvez à trop petits coups, je ne vous reconnais pas.

– Comment ! je lampe[6] sans arrêter, répond l'autre en bégayant. Fais-moi raison[7], mon cher, mon bon ami Renart : je veux boire plus que toi. – Oh ! vous n'y arriverez pas. – Moi ? – Songez que j'ai dix coups en avance. – Ah ! Renart, tu ne dis pas la vérité. Tiens, *have ! drink!*[8] Toi mieux boire que moi ! je viderais plutôt les deux coupes à la fois, la tienne et la mienne. »

Renart faisait semblant de boire, mais laissait couler le vin dans ses barbes. L'autre n'y voyait plus rien ; il buvait, buvait toujours, les yeux hors du front[9], rouges comme deux charbons embrasés[10]. Il n'est pas de rêverie qui ne lui

1. Ce prêtre est un honnête homme.
2. Autant qu'ils purent.
3. Lever (pour boire).
4. S'enivre.
5. En évitant de boire trop.
6. Vide mon verre.
7. Lève ton verre à ma santé.
8. Prends ! bois ! (en anglais).
9. Sortant de la tête.
10. Brûlants.

passe par la tête : tantôt il se croit le roi Noble entouré de sa cour, au milieu de son palais ; tantôt il pleure ses vieux méfaits[11] et se déclare le plus grand pécheur[12] du monde.

« Renart, dit-il, j'ai une idée ; Dieu en nous conduisant ici doit avoir eu ses desseins[13] sur nous. Si nous allions à l'autel chanter la messe ? Le missel[14] est ouvert, les robes du prêtre sont à côté. J'ai appris à chanter quand j'étais jeune, et tu vas voir si je l'ai oublié.

– Mais, dit Renart, il faut, avant tout, se garder de sacrilège[15]. Pour chanter à l'autel on doit être prêtre, ou pour le moins clerc couronné[16]. Tu ne l'es pas, Primaut. – En vérité, tu as raison, Renart. Mais on y pourvoira[17], on y pour-pour-voira. Ne pourras-tu me faire la couronne qui me manque ? D'ailleurs, on peut renoncer à la messe ; je n'ai pas besoin d'être tonsuré pour dire vigiles et vêpres[18]. – Non ; mais pourtant il vaudrait mieux te donner tout de suite les ordres[19] : moi, je puis fort bien le faire, car, au temps passé, j'ai étudié pour être prêtre et je suis au moins diacre[20]. Si donc je trouvais un rasoir, je te couronnerais, je te passerais l'étole[21] au cou et je te déclarerais prêtre, sans avoir besoin de notre saint-père le Pape. – En attendant, dit Primaut, rien ne nous empêche de chanter les vêpres. » Les deux amis avancent vers l'autel, Primaut en longeant les murs pour y trouver le point d'appui dont il a grand besoin. Tout en l'accompagnant, Renart regardait de côté et d'autre : derrière l'autel des pèlerins[22] il avise une armoire, et par bonheur il y trouve un rasoir effilé[23], un clair bassin de laiton[24] et des ciseaux. « Voilà, dit-il, tout ce qu'il nous faut ; nous n'avons plus besoin que d'un peu d'eau. »

11. Mauvaises actions.
12. Dans la religion chrétienne, personne qui a commis une faute grave.
13. Projets.
14. Livre de prières.
15. Grave manque de respect envers ce qui est sacré.
16. Homme d'Église tonsuré.
17. On trouvera une solution.
18. Messes du matin (vigiles) et du soir (vêpres).
19. Te faire prêtre.
20. Assistant du prêtre.
21. Longue bande d'étoffe portée par le prêtre.
22. Personnes qui voyagent vers un lieu saint.
23. À la lame fine.
24. Métal jaune.

Primaut avait la langue trop embarrassée[1] pour répondre. L'autre cependant reconnaît, sous la tour des cloches, la pierre du baptistère[2], il y puise de l'eau, et revenant à son compagnon : « Voyez, Primaut, le miracle que Dieu vient de faire pour vous ; regardez cette eau. – C'est, dit Primaut, que Dieu prend en gré[3] notre service. Allons, vite ma couronne. Décidément, je veux chanter la messe. »

Il s'étend sur les dalles, et Renart lui tenant d'une main la tête verse de l'autre l'eau du bassin. Primaut supporte tout sans broncher, et Renart profitant de sa bonne volonté lui élargit la couronne jusqu'aux oreilles. « Ai-je tonsure maintenant ? – Oui, tu peux la sentir toi-même. – Me voilà donc vrai prêtre ! Allons, tout de suite la messe ! commençons. – Mais auparavant, il faut sonner les cloches. – Laisse-moi faire. » Il va aux cloches, saisit les cordes et se met à sonner à glas et à carillon[4].

Renart est pris alors d'une telle envie de rire que la mort de tous ses parents ne la lui aurait pas ôtée. Il se cache comme il peut sous les barbes de son manteau, et lui crie : « Bon ! bon ! plus fort ! toujours plus fort ! – Je crois qu'il n'y a pas un clerc, un marguillier[5] capable de mieux sonner. – Mais il faut prendre les deux cordes ensemble, les clochettes ne font pas leur office. – Est-ce mieux comme cela ? – Oui ; oui ; maintenant à l'autel ! Je vais vous aider à passer l'aube et l'aumusse, la ceinture, le fanon et l'étole[6]. » Puis, entre ses dents : « Oh ! comme il chantera tout à l'heure autrement ! comme on va lui caresser d'une autre façon les côtes ! »

1. Lourde.
2. Bassin qui contient l'eau destinée au baptême.
3. Accepte.
4. Le glas est la sonnerie des enterrements, et le carillon un son de cloches vif et gai.
5. Homme chargé de la garde et de l'entretien d'une église.
6. Vêtements et accessoires du prêtre.

Primaut, la chasuble[7] sur le dos, monte à l'autel, ouvre le missel, tourne et retourne les feuillets ; il pousse des hurlements[8] qu'il regarde comme autant de traits mélodieux. Cependant Renart, croyant le moment arrivé de déguerpir[9], se coule sous la porte par le trou qu'ils avaient pratiqué, rejette la terre qu'ils en avaient enlevée, ferme l'ouverture, et laisse Primaut braire[10] et hurler tout à son aise.

Or, comme on le pense bien, le son des cloches arrive au presbytère[11]. Le prêtre étonné saute à bas de son lit, approche du feu la chandelle qu'il allume, appelle Giles son clerc, son chapelain[12], et sa femme, se munit d'un levier[13], prend la clef du moutier, ouvre la porte et s'avance avec inquiétude. La dame s'arme d'un pilon[14], le chapelain d'un fouet et le clerc d'une massue qui lui donne quelque chose de l'air et de la démarche d'un énorme limaçon.

Le prêtre fut le premier à distinguer, devant l'autel d'où partaient les cris, un personnage tonsuré, enchasublé[15], dont il ne peut reconnaître les traits. Il recule, il revient à plusieurs reprises, enfin il s'imagine avoir affaire au diable et se sent pris d'une telle épouvante qu'il en perd connaissance. La prêtresse pousse les hauts cris, et le clerc se sauve dans la ville en criant de toutes ses forces : « Alarme ! alarme ! les diables sont entrés dans le moutier ! ils ont tué monsieur le Curé, et nous avons eu grand-peine à nous sauver. » Les vilains réveillés en sursaut se lèvent, s'habillent et tous se portent vers le moutier.

Il fallait les voir alors : l'un a endossé son haubert[16] de cuir, l'autre a coiffé son vieux chapeau de fer enfumé[17]; celui-ci a tiré du fumier sa fourche encore humide, celui-là

La prêtrise

On devient prêtre par vocation et on est ordonné (consacré moine) par un membre du clergé, et non par Renart ! Les prêtres veillent sur leurs paroissiens (ceux qui fréquentent leur église). Ils célèbrent la messe, donnent les sacrements comme la confession, le baptême ou le mariage. Au Moyen Âge, les prêtres vivaient des offrandes de leurs fidèles et surtout de la dîme, un impôt que les paysans leur versaient.

7. Robe du prêtre.
8. Cris du loup.
9. S'enfuir.
10. Crier comme un âne.
11. À la maison du prêtre.
12. Assistants du prêtre.
13. Une barre de fer.
14. Bâton qui sert à broyer certains aliments.
15. Qui portait une chasuble.
16. Sa tunique.
17. Noirci.

s'est fait accompagner de ses chiens, d'autres brandissent des épées rouillées, dressent des bâtons, des fléaux[1], agitent des haches, des massues ; tous enfin se préparent à lutter rien que contre les diables d'enfer. Le prêtre était revenu à lui : « Oui, mes enfants, leur dit-il, le diable est dans l'église, il faut lui courir sus[2]. » Le bruit de la foule interrompt la messe de Primaut : il se retourne, s'étonne, la peur le prend et le dégrise[3]. Il court au trou, il était fermé ; il revient à l'autel, il va, vient, de plus en plus effrayé. Le prêtre, lui voyant l'oreille basse, le frappe de son levier : furieux, Primaut se jette sur l'agresseur et l'aurait mis en pièces si les vilains lui en avaient laissé le temps. Tous alors le huent[4], le daubent[5], lui brisent les reins, lui enlèvent la moitié de l'échine[6]. Le pauvre Primaut fait alors un suprême effort : il mesure des yeux une fenêtre ouverte, fait un élan, l'atteint du premier saut et s'échappe enfin de l'église. Criblé[7] de blessures, il n'a d'autre consolation que les vêtements qu'il emporte, et c'est dans ce costume qu'il gagne le bois et qu'il rend grâces à[8] Dieu de lui avoir conservé la vie. « Maudit soit le prouvère[9] ! il me paiera cher un autre jour tous les coups que j'ai reçus ! Je jure[10] Hermengart, ma femme, de ne rien laisser ici, ni vache ni brebis. S'il a demain à chanter messe, qu'il cherche celui qui lui rapportera son étole et son aumusse[11] ; il faudra qu'il emprunte, pour l'office, la jupe de la prêtresse, et qu'il fasse une aube[12] de sa guimpe[13]. Mais Renart ! qu'est-il devenu ? c'est lui pourtant qui me conduisit au moutier, et qui m'a laissé après m'avoir mis dans l'embarras. Ah ! si je le retrouve, je n'irai pas porter ma plainte à la cour du roi Noble, je me ferai justice moi-même et je l'em-

1. Instruments agricoles.
2. L'attaquer.
3. Dessoûle.
4. Poussent des cris.
5. Frappent.
6. Du dos.
7. Couvert.
8. Remercie.
9. Prêtre.
10. Je prends à témoin.
11. Petit manteau.
12. Tunique.
13. Son corsage.

pêcherai d'essayer jamais des tours pareils. Mais j'aurais dû me tenir pour défié[14], et l'exemple de mon frère Ysengrin pouvait bien me tenir lieu d'avertissement. »

Parlant ainsi, il découvre sous un chêne maître Renart qui, l'air contrit[15], les yeux larmoyants, semblait arrêté pour l'attendre. « Ah ! vous voilà donc enfin, sire Primaut, dit-il, soyez le bienvenu ! – Et moi, dit Primaut, je ne vous salue pas. – Pourquoi ? quel mal ai-je donc fait ? – Vous m'avez laissé seul, et sans m'avertir vous avez fermé la trouée[16] du moutier. Ce n'est pas votre faute si je n'ai pas été assommé : il a fallu me défendre contre une centaine d'ennemis acharnés. Méchant nain, roux infâme ! Ah ! si je ne suis pas le premier, je pourrai bien être le dernier de ceux que vous aurez trahis.

– Sire Primaut, répond Renart d'une voix suppliante, je vous crie merci[17]; je sais que dans ces lieux écartés, vous pouvez me faire honte et préjudice[18]; mais j'atteste[19] Hermeline, ma chère femme, Malebranche et Percehaie, mes deux fils, que je ne me souviens pas de vous avoir offensé. Ce n'est pas moi qui ai fermé le pertuis[20], c'est le méchant prouvère. J'eus beau le supplier de s'en défendre, il me répondit par des menaces, si bien que le voyant prêt à me faire un mauvais parti[21], je n'eus plus qu'à me sauver par un petit sentier couvert que je connaissais. Je vous attendis sous ce chêne, inquiet de ce que vous alliez devenir, car je prévoyais avec chagrin qu'on vous attaquerait. Telle est la vérité, je sanglotais encore au moment où vous êtes arrivé. »

Ces paroles firent tomber la colère de Primaut : « Allons ! Renart, je veux bien vous croire, et ne garder de rancune

14. J'aurais dû m'en méfier.
15. Triste.
16. Le trou.
17. Je vous demande pardon.
18. Mal.
19. Je prends à témoin.
20. Trou.
21. Traitement.

que contre le prouvère dont j'emporte au moins, comme vous voyez, l'aube, l'aumusse, la chasuble, le fanon[1] et la ceinture. Il en cherchera d'autres, quand il voudra chanter messe à son tour.

– Or, savez-vous, dit Renart, ce qu'il y aurait à faire ? – Non. – Il faudrait demain porter ces vêtements à la foire et les y vendre, fût-ce au prouvère lui-même, s'il s'y présente. – Voilà qui est bien pensé, dit Primaut ; mais d'abord, reposons-nous, car je suis gravement meurtri et harassé[2]. Quand nous aurons bien dormi, nous parlerons de la foire ; nous y porterons les habits, et nous en aurons, j'imagine, un assez bon prix. – Je le crois comme vous, répondit Renart, et qui sait si nous ne trouverons pas moyen de nous venger de ceux qui vous ont tant maltraité, pour vous punir de votre zèle[3] au service de Dieu ? »

1. Pièce d'étoffe dont les deux pans pendent de chaque côté du poignet gauche du prêtre.
2. Blessé et fatigué.
3. Dévouement.

Pause lecture 3

Aventures 8 et 9

Saint Renart !

Primaut, un autre Ysengrin ?

Avez-vous bien lu ?

Comment Renart justifie-t-il son acte ?

❏ Il a agi sous la menace.

❏ C'est une autre personne qui a agi.

❏ Il a été attaqué.

Deux loups malheureux

1 Combien d'oublies Renart a-t-il mangées (aventure 9) ? Combien en reste-t-il ?

2 Quel défaut de Renart, qu'il partage avec Ysengrin, est révélé au début de l'aventure 8 ? Pourquoi accepte-t-il alors d'aider les deux loups ?

3 Pourquoi Ysengrin et Primaut demandent-ils à Renart de la nourriture ? Comment essaient-ils de l'apitoyer ?

4 Lequel des deux loups est le plus naïf ? Justifiez votre réponse.

Deux histoires en parallèle

5 Comment Renart gagne-t-il la confiance des loups ? Que leur promet-il ?

6 Quel sort Renart réserve-t-il aux loups ? Montrez que, dans les deux cas, Renart profite de la situation pour abuser de leur confiance.

7 Qui sort sain et sauf des deux récits ?

Des loups maltraités

Avez-vous bien lu ?

À la fin de l'aventure, Ysengrin va-t-il...

❑ manger les anguilles ?
❑ prier ?
❑ partir sans rien ?

Un goupil bien cruel...

1 Relevez les formules par lesquelles Ysengrin et Primaut s'adressent à Renart lorsqu'ils le rencontrent. Que peut-on en déduire ?

2 Dans les scènes de tonsure, relevez le champ lexical de la douleur. Avec lequel des deux loups Renart se montre-t-il le plus cruel ?

3 Renart croit-il un seul instant au mensonge inventé par Ysengrin (p. 52-53) ? Quelle expression montre qu'il prévoit la suite de l'aventure ?

... et ses deux victimes favorites

4 Pourquoi les répliques d'Ysengrin (p. 52, l. 42 à 66) sont-elles comiques ? Comment appelle-t-on cette situation au théâtre ?

5 Pourquoi Renart n'est-il pas ivre ? Décrivez les effets de l'alcool sur Primaut. Quels procédés comiques rendent Primaut ridicule ?

6 À la fin de chaque histoire, que propose Renart aux loups malheureux ? Quelle est leur réaction ? Qu'en déduisez-vous ?

La religion malmenée

Avez-vous bien lu ?

Primaut...

❑ est devenu prêtre ?

❑ doit encore passer une épreuve ?

❑ n'est pas prêtre ?

Un clergé ridiculisé

1 Comment Renart détourne-t-il la règle de saint Benoît (la tonsure, le jeûne, l'hospitalité, les veilles) ?

2 Quelle est la réaction du prêtre en entendant les cloches ?
Qui l'accompagne ? À quoi est comparé le prêtre ?
Quelle image est donnée du clergé ?

3 Relevez le lexique de la violence dans l'intervention des villageois et du prêtre (aventure 9, l. 170 à 186). Dans quel lieu se déroule cette scène ?

Des vocations fantaisistes

4 Pour quelle raison Ysengrin désire-t-il devenir moine ?

5 Selon Renart, que suffit-il de faire pour devenir prêtre ?

6 Que trouve Primaut dans la huche du prêtre ? Qui remercie-t-il pour cette trouvaille ?

Du texte à l'image

Observez la vignette de bande dessinée → voir dossier images p. III

F'murr, *Le Génie des alpages*, « Tonnerre et mille sabots !! » (t. 7), éditions Dargaud, 2001.

1. Identifiez les personnages, observez leurs attitudes (gestes, expressions) et décrivez-les.
2. Quelle est la réaction des brebis par rapport au renard ? Paraissent-elles surprises de le voir ?
3. Quel est le sens du mot « perverti » ?
4. Le renard vous semble-t-il rusé ? Pourquoi court-il ?
5. Comment comprenez-vous l'attitude et les répliques du bélier ?

À vous de jouer

Organisez un débat

Auriez-vous aimé vivre au Moyen Âge ? Par groupe, choisissez un thème précis (chevalerie, paysannerie, clergé, loisirs, condition des femmes...).

Développez oralement vos arguments pour justifier votre position.

Le conseil à la cour du roi Noble

Comment le roi Noble tint cour plénière, et comment Ysengrin fit une seconde clameur[1] contre Renart.

Perrot[2] qui mit tout ce qu'il avait d'esprit et d'étude à faire des vers sur Renart et son cher compère[3] Ysengrin, Perrot qui nous a si bien raconté comment sire Noble le lion avait partagé la proie, et comment Renart avait refusé de prêter serment sur la dent de saint Rooniaus[4], a pourtant oublié le plus beau de sa matière ; j'entends le jugement rendu dans la cour du roi Noble, sur la grande querelle de cet odieux Renart avec messire Ysengrin et dame Hersent sa noble épouse.

L'histoire dit que l'hiver était passé, l'aubépine fleurissait et la rose commençait à s'épanouir ; on approchait de l'Ascension[5], quand sire Noble le roi convoqua les bêtes dans son palais, pour s'y former en cour. Toutes répondirent à l'appel, toutes à l'exception de damp Renart, le trompeur et le mauvais larron[6]. Chacun alors de le diffamer[7] à qui mieux mieux[8] et de rappeler ses gestes. Ysengrin ne devait pas être le dernier à saisir l'occasion d'assurer sa vengeance ; il s'avança jusqu'au faudes-teuil[9] du roi et parla en ces termes :

– Beau très doux sire, je vous demande justice de l'outrage[10] commis par Renart à l'égard de dame Hersent ma femme épousée. Il l'avait conduite par surprise dans son château de Maupertuis : avant de lui laisser le temps de se reconnaître, il l'avait outragée de faits et de paroles ; j'arrivai pour être témoin de ses insolences. Quelque temps aupa-

Les cours plénières

La veille des fêtes religieuses, le seigneur réunissait ses vassaux pour une assemblée générale. Avant de prendre une décision, le seigneur écoutait l'avis des barons, mais gardait le dernier mot. Il pouvait demander des contributions (armes, argent, nourriture).
En échange, il offrait des cadeaux aux vassaux méritants (chevaux, armes, vêtements).

1. Accusation publique.
2. Pierre de Saint-Cloud, un des auteurs du *Roman de Renart*.
3. Voir encadré, p. 17.
4. Allusions à d'autres aventures de Renart (Rooniaus est un chien).
5. Fête religieuse.
6. Voleur.
7. Dire du mal de lui.
8. Autant que possible.
9. Trône.
10. La grave offense.

ravant, il avait furtivement[1] pénétré dans ma demeure et souillé de ses ordures mes louveteaux, comme pour ne rien épargner de ce que j'avais de cher dans le monde. Sur la plainte que j'en avais portée naguère[2] à votre cour, Renart prit jour pour se justifier[3], mais, les saints[4] apportés, il jugea plus à propos, par quels conseils je l'ignore, de reculer précipitamment et de regagner son repaire. Ce fut, comme on le pense bien, à mon grand regret.

L'empereur ayant attentivement écouté, répondit :

– Ysengrin, croyez-moi, désistez-vous de[5] votre clameur ; vous n'avez aucun intérêt à rappeler votre honte. Les barons et les comtes, les rois eux-mêmes sont exposés à des ennuis pareils : ils y sont peu sensibles. Tous ceux qui tiennent les hautes cours sont tout ce que vous pensez être, et jamais, pour si peu de chose, je ne vis faire tant de bruit. Les chagrins domestiques sont toujours de ceux dont on fait bien de ne rien dire.

– Ah ! sire, dit alors Brun l'ours, vous pourriez parler avec plus de convenance[6]. Ysengrin est-il mort ou retenu prisonnier, qu'il n'ait pu trouver les moyens de se venger lui-même des insultes de Renart ? Tout au contraire, on le sait assez puissant pour ôter à ce roux les moyens de nuire ; mais il a été retenu par le respect de la paix nouvellement jurée[7]. C'est à vous, souverain du pays, à prévenir[8] la reprise des armes, à maintenir l'union entre vos barons. Nous sommes prêts à mettre haro sur[9] ceux que vous accuserez. Ysengrin se plaint de Renart ; faites prononcer jugement sur la querelle, et si l'un doit à l'autre, il faut qu'il satisfasse[10] et vous paie en outre l'amende du

1. Discrètement.
2. Récemment.
3. Accepta une date pour plaider sa cause (voir encadré, p. 72).
4. Reliques, restes du corps des saints.
5. Renoncez à.
6. Respect.
7. Voir encadré, p. 40.
8. Empêcher.
9. Arrêter.
10. Paie pour son crime.

méfait. Envoyez donc citer[11] Renart dans Maupertuis : pour ce qui me regarde, si vous me chargez du message, je me fais fort de l'amener ici et de le tenir au courant des usages de la cour.

– Sire Brun, dit alors Bruiant le taureau, malheur, je ne dis pas à vous, mais à qui se réunirait à vous pour conseiller au roi de prendre l'amende[12] du tort et de la honte que Renart aurait fait à sa commère. Renart a commis tant de crimes, outragé tant de bêtes honorables que personne ne doit le recevoir à merci[13]. Pourquoi messire Ysengrin viendrait-il justifier des faits qui sont à la connaissance de tout le monde ? Qu'on en dise ce qu'on voudra, mais si cet insigne[14] larron, cet odieux trompeur, ce méchant roux de Renart avait jamais dit à ma femme une seule parole insolente, il n'y a fort ni château, il n'y a pas de Maupertuis qui m'empêcherait de le broyer et de jeter dans un privé[15] sa puante charogne[16]. À quoi pensiez-vous donc, dame Hersent, de ne pas vous être vengée vous-même ? En vérité, je comprends votre confusion d'avoir pu de sang-froid recevoir quelque affront de la part d'un être aussi facile à châtier !

– Écoutez, sire Bruiant, dit alors Grimbert le blaireau, il faut à tout prix étouffer le bruit d'un aussi mauvais cas[17]. Tel[18] qui l'a divulgué[19], commenté, exagéré, regretterait bientôt de ne le pouvoir retenir. Il ne s'agit ici ni de vio lence ouverte, de porte brisée, de trêve[20] rompue ; tous les mauvais procédés reprochés à Renart peuvent être l'effet d'un amour très excusable. En conséquence, on ne devait pas se hâter d'en parler mal et d'en porter plainte. Renart

Sire

En ancien français, le mot sire désigne un seigneur. Ce terme vient du latin *senior* (comparatif de l'adjectif *senex*, qui signifie « vieux », « âgé »). Un sire est donc quelqu'un de plus âgé, de plus respectable, de plus puissant. Plus tard, « mon seigneur » est devenu « monsieur ». Aujourd'hui, pour parler des personnes âgées, on dit : « les seniors ».

11. Appelez donc à venir devant la cour.
12. Se venger.
13. Avoir pitié de lui.
14. Connu de tous.
15. Dans les toilettes.
16. Son cadavre.
17. Une aussi mauvaise affaire.
18. Celui.
19. Révélé.
20. Paix.

aimait Hersent depuis longtemps, et madame Hersent n'aurait pas fait clameur[1], s'il avait dépendu d'elle[2]. Pour Ysengrin, avouons qu'il a pris cela beaucoup trop à cœur, et qu'il aurait dû se garder d'en instruire le roi et le baronnage[3]. Qu'il veuille bien examiner un peu : s'il reste la moindre trace du délit, si la maison est endommagée ou les meubles brisés, enfin s'il a perdu dans tout cela la valeur d'une noix de coudrier[4], je m'engage, au nom de Renart, à tout remettre en état, et à lui en faire prendre l'engagement dès qu'il sera arrivé. Mais en fin de compte, la honte de tout cela va retomber sur Hersent. Oui, madame, le profit le plus clair pour vous du bruit qu'a fait votre mari sera d'être l'objet de toutes les conversations, de tous les quolibets[5]. Ah ! vous seriez la dernière des créatures, si vous aimiez Ysengrin après cela, et si vous pouviez souffrir qu'il vous donnât le nom de sœur ou d'épouse !

Ces paroles firent monter le rouge au visage de madame Hersent ; tout son corps frémit et la sueur parut inonder son front. Enfin jetant un grand soupir :

– Sire Grimbert, dit-elle, vous avez raison ; j'aurais mille fois mieux aimé que monseigneur et Renart demeurassent bons amis. Il est certain que jamais Renart n'eut de moi la moindre faveur, et je suis, pour le prouver, prête à subir l'épreuve du fer chaud ou de l'eau froide. Mais hélas ! de quel poids sera ma déclaration ? On n'ajoute pas foi à[6] ce que peut dire une pauvre malheureuse. Oui, j'atteste tous les saints qu'on adore et Dieu mon sauveur lui-même que Renart ne me traita jamais autrement que si j'eusse été sa mère. Non que je le dise pour Renart ou pour le profit de sa

Le jugement de Dieu

Pour tester l'innocence d'un accusé, sa main était marquée au fer rouge ou il était plongé dans de l'eau bénite glacée. Si la plaie cicatrisait bien ou si son corps flottait, il était déclaré innocent. Parfois, un combat opposait les deux parties : le vaincu était désigné comme coupable selon le jugement de Dieu. L'accusé pouvait aussi prêter serment sur les reliques des saints. S'il mentait, Dieu le jugeait et le condamnait.

1. Ne se serait pas plainte.
2. Si elle avait agi seule.
3. L'ensemble des barons.
4. Noisette.
5. De toutes les moqueries.
6. On ne croit pas.

→ Du texte à l'image p. 29

**Le Corbeau
et le Renard**

Félix Lorioux, 1927.

→ Du texte à l'image p. 50

Blacksad

« Artic-Nation » (t. 2), Diáz Canales et Guarnido, éditions Dargaud, 2003.

→ Du texte à l'image p. 68

Le Génie des alpages

F'murr, « Tonnerre et mille sabots !! » (t. 7), éditions Dargaud, 2001.

→ Du texte à l'image p. 92

Mr Renart

Spectacle de marionnettes, TJP de Genève, texte et mise en scène de Guy Jutard.

cause ; je ne me soucie pas de lui et de ceux qui l'aiment ou le haïssent plus que du chardon dont les ânes se régalent ; mais je le dis pour monseigneur Ysengrin, dont la jalousie ne me laisse pas de relâche[7] et qui s'imagine toujours qu'on l'a trompé. Par la foi que je dois à mon fils Pinçart, il y aura dix ans au premier avril, le propre jour de Pâques, que l'on nous maria Ysengrin et moi. Les noces furent somptueuses ; nos fossés, nos terriers pouvaient à peine contenir les bêtes conviées à la fête ; une oie n'y aurait pas trouvé place pour y pondre son œuf. J'ai, depuis ce temps, vécu en loyale épouse, sans donner à personne le droit de me blâmer ou de me prendre pour une bête folle. Ainsi, que l'on me croie ou non, je n'en attesterai pas moins[8] sainte Marie que jamais je ne fis rien qu'une sage et pieuse nonne[9] ne pût avouer.

Le discours d'Hersent et la façon naturelle dont elle avait justifié sa conduite répandirent une joie inexprimable dans la bonne âme de l'âne, damp Bernart. Il en conclut qu'Ysengrin pouvait bien avoir raison, mais que dame Hersent n'avait pas tort.

– Ah ! s'écria-t-il, gentille[10] baronne, plût à Dieu que mon ânesse fût aussi sage, aussi loyale que vous ! Vous avez adjuré Dieu[11] et les saints du paradis, il suffit : je soutiendrai votre cause et je suis tout prêt à jurer avec vous. Dieu ne me fasse pas miséricorde[12], qu'il ne me laisse trouver un seul tendre chardon, si vous avez jamais favorisé l'amour et les sollicitations de Renart ! Mais telle est la méchanceté, la médisance[13] et l'envie du siècle[14], qu'il affirme ce qu'il n'a pas vu et blâme[15] ce qu'il devrait honorer[16]. Ah ! Renart,

7. Ne me laisse pas en paix.
8. Je n'en prendrai pas moins à témoin.
9. Religieuse.
10. Noble.
11. Juré devant Dieu.
12. Ne m'accorde rien.
13. Le fait de dire du mal de quelqu'un.
14. En religion, le siècle désigne le monde laïc, les personnes qui n'appartiennent pas au clergé.
15. Fait des reproches à.
16. Admirer.

maudite l'heure où vous fûtes engendré, où vous êtes venu au monde ! car c'est par vous que le bruit s'est répandu de la faiblesse d'Hersent à votre endroit[1]. Vous êtes un insigne menteur. Quelle apparence[2], en effet, quand elle vient offrir aujourd'hui de se justifier, par l'épreuve du fer chaud ou de l'eau froide !

Hersent l'écouta avec une agréable surprise, mais se garda d'ajouter un mot. Chacun alors de dauber[3] à qui mieux mieux sur Renart ; c'est ainsi qu'on agit à l'égard de ceux dont la cause est désespérée ; le seul Grimbert, en ami fidèle, soutint contre tous les intérêts de son cousin. Il s'avance vers le roi, abaisse son chaperon[4] sur ses épaules et relevant son manteau :

– Je demande, dit-il, un moment de silence. Sire, veuillez en gentil et bon prince apaiser la querelle de vos deux barons, et recevoir à merci[5] damp Renart. Permettez- moi de le conduire ici ; vous entendrez ses réponses, et si votre cour le condamne, vous fixerez l'amende qu'il devra subir ; il y satisfera[6]. Que s'il a négligé de venir en cour et s'il n'a pas justifié son absence, vous pourrez lui adresser une réprimande sévère et l'obliger à une double composition[7].

Le connil ou lapin honora ce discours et celui de Bernart l'archiprêtre de son approbation[8].

– Par saint Amant[9] ! dit-il, messire Grimbert a sagement parlé. Si damp Renart était contraint[10] de quitter la terre sans être entendu, la justice en serait blessée. Que Renart soit donc mandé[11] ; je m'en rapporte à lui du soin de sa justification. Mais s'il a réellement mérité quelques reproches à l'égard de dame Hersent, soit en dits[12], soit en

1. À votre égard.
2. Sous-entendu : quelle apparence de vérité a votre récit.
3. Dire du mal, accuser.
4. Sa capuche.
5. Autant qu'il le faut.
6. Il la paiera.
7. Amende.
8. Accord.
9. Évêque des Flandres (nord de la France).
10. Obligé.
11. Convoqué.
12. En paroles.

faits, il en conviendra plutôt que de se rendre parjure[13]. Ainsi je me porte volontiers pour le garant de dame Hersent avec Bernart, le prudent archiprêtre. Je laisse la parole à d'autres, et je me tais.

La cour après tous ces débats conclut en ces termes :

– Sire, plaise à vous, dans le cas où Renart, sommé[14] de comparaître, ne se présenterait pas et ne fournirait aucune excuse, ordonner qu'il soit ici traîné de force, pour y entendre la sentence qu'il conviendra de prononcer.

– Barons, dit le roi Noble, vous vous méprenez[15], en voulant porter un jugement contre Renart. Vous donnez à ronger un os qui plus tard, le cas échéant[16], vous brisera les dents. Songez-y bien, autant vous en pend à l'œil[17]. J'ai grand sujet de me plaindre de Renart, mais je n'entends pas le perdre s'il consent à reconnaître ses torts. Croyez-moi donc, Ysengrin, consentez à l'épreuve que votre femme réclame ; ou bien, à votre défaut[18], je prendrai sur moi de l'ordonner.

– Ah ! sire, repartit vivement Ysengrin, n'en faites rien, je vous prie. Car enfin si cette épreuve demandée par Hersent lui devient funeste[19], si l'eau ou le feu l'atteignent, tous le sauront, ceux même qui l'ignorent encore, et mes ennemis s'en réjouiront. Ils diront en me voyant : le voilà le jaloux, celui que sa femme a trompé. J'aime mieux retirer ma plainte et me faire justice moi-même. Viennent les vendanges, et je compte bien donner une chasse à Renart dont serrure ou clef, muraille ou fossé ne sauront le défendre.

– C'est donc le diable maintenant ! repartit le roi Noble avec indignation, et votre guerre ne prendra-t-elle jamais

13. Plutôt que de mentir.
14. Obligé.
15. Trompez.
16. Éventuellement.
17. Vous attend.
18. Sans votre consentement.
19. La fait mourir.

fin ! Par le corbleu[1] ! vous comptez en vain avoir le dernier avec[2] Renart ; il en sait plus que vous, et vous avez plus à craindre de ses tours que lui des vôtres. D'ailleurs, le pays est en repos, la paix est jurée ; malheur à qui s'avisera d'y porter atteinte !

1. Juron, déformation de : « Par le corps de Dieu ».
2. Gagner contre.

La plainte contre Renart

Comment Chantecler, dame Pinte et ses trois sœurs vinrent demander justice pour dame Copette, méchamment mise à mort par Renart.

CETTE DÉCLARATION DU ROI contre toute reprise de guerre fut pour Ysengrin un coup terrible : il perdit contenance et, ne sachant à quel parti s'arrêter[3], il alla se rasseoir auprès de sa femme épousée, les yeux enflammés, la queue entre les jambes. Ainsi, la cause de Renart prenait le meilleur tour et tout présageait un accommodement[4] de la querelle, quand on vit arriver en cour, sous la conduite de Chantecler, dame Pinte et trois autres dames. Elles venaient implorer la justice du roi, et cet incident ralluma le feu prêt à s'éteindre. Sire Chantecler le coq, Pinte qui pond les gros œufs, et ses sœurs, Roussette, Blanche et Noirette, escortaient une litière[5] tendue de noir. Là reposait une geline[6] morte de la veille : Renart l'avait surprise et déchirée, lui avait enlevé une aile, brisé une cuisse, et enfin séparé l'âme du corps. Le roi, las des plaidoiries, allait congédier[7] l'assemblée, quand entrèrent les dolentes[8] et Chantecler battant violemment ses paumes. Pinte eut la force de parler la première :

– Ah ! pour Dieu, mes seigneurs, chiens et loups, nobles et gentilles bêtes, ne repoussez pas d'innocentes victimes. Maudite l'heure de notre naissance ! Ô mort, vient nous saisir, avant que nous tombions sous la dent cruelle de Renart ! J'avais cinq frères de père, Renart les a tous dévorés. J'avais quatre sœurs de mère, les unes de l'âge le plus tendre, les autres, déjà gelines d'une beauté accomplie.

3. Quelle décision prendre.
4. Arrangement.
5. Civière.
6. Poule.
7. Renvoyer.
8. Plaignantes.

Gombert du Fresne les engraissait pour la ponte des œufs de choix ; soins inutiles, Renart de toutes n'en épargna qu'une seule, les autres passèrent par son gosier. Et vous, ma douce Cope, couchée dans cette bière[1], chère et malheureuse amie, qui pourra dire combien vous étiez grasse et tendre ! Et que deviendra votre sœur dolente et éplorée[2] ! Oh Renart ! puisse le feu d'enfer te dévorer ! Combien de fois nous as-tu chassées, effrayées, dispersées ? Combien de robes nous as-tu déchirées ? Combien de fois as-tu franchi de nuit notre enceinte ? Ce fut hier, près de la porte, que tu laissas ma sœur étendue, sans vie. Tu pris la fuite, en entendant les pas de Gombert, qui par malheur n'eut pas un cheval assez rapide pour te fermer la retraite[3]. Voilà pourquoi nous venons à vous ; tout espoir de vengeance nous étant enlevé, c'est de vous seuls, nobles seigneurs, que nous attendons justice.

Après ces paroles souvent interrompues par les sanglots, Pinte tomba pâmée[4] sur les dalles de la salle, et ses trois compagnes en même temps qu'elle. On vit aussitôt pour les secourir, chiens et loups quitter à l'envi[5] leurs sièges. On les relève, on les soutient, on leur jette de l'eau sur la tête.

En revenant à elles, elles coururent se précipiter aux pieds du roi que Chantecler agenouillé mouillait en même temps de ses larmes. La vue du bachelier[6] remplit l'âme de Noble d'une grande pitié ; il exhala un profond soupir, puis, relevant sa grande tête chevelue, il fit entendre un tel rugissement qu'il n'y eut bête si hardie[7], ours ou sanglier, qui ne frémît d'épouvante. L'émotion de damp[8] Couart le lièvre fut même telle qu'il en eut deux jours durant les fiè-

1. Ce cercueil.
2. En pleurs.
3. Couper la fuite.
4. Évanouie.
5. Le plus vite possible.
6. Jeune noble qui veut devenir chevalier.
7. Courageuse.
8. Seigneur.

vres et qu'il les aurait encore peut-être, sans le beau miracle que vous apprendrez tout à l'heure. On vit en même temps le roi dresser sa noble queue pour s'en frapper vivement les flancs avec un bruit capable d'ébranler la maison. Puis il prononça ces paroles :

– Dame Pinte, par l'âme de mon père, pour laquelle je n'ai encore rien fait d'aujourd'hui[9], je prends grande part à vos malheurs et je compte en punir l'auteur. Je vais ajourner Renart[10], et de vos yeux et de vos oreilles vous pourrez voir et entendre comment je sais punir les traîtres, les assassins et les voleurs de nuit.

9. Chaque jour, Noble doit faire une bonne action pour le repos de l'âme de son père.
10. Fixer le jour où Renart devra venir.

L'enterrement de dame Copette

Où l'on voit les honneurs rendus à dame Copette, et son épitaphe[1] ; comment sire Brun fut envoyé semondre[2] damp[3] Renart ; et des beaux miracles accomplis sur la tombe de sainte Copette.

Quand Noble a cessé de parler, Ysengrin se dresse en pieds[4] :

– Sire, dit-il, vous êtes un grand roi. Vous conquerrez honneur et louange, en vengeant sur l'assassin le meurtre de dame Copette. Je n'écoute pas ici ma haine ; mais le moyen de ne pas prendre[5] intérêt à cette innocente victime ?

– Oui, reprit le roi, cette bière, ces pauvres gelines m'ont mis la douleur dans l'âme. Je me plains donc à vous, barons, de cet odieux Renart, ennemi du lien conjugal et de la paix publique. Cependant il faut penser au plus pressé. Brun, vous allez prendre une étole[6] et vous ferez la recommandise[7] de la défunte ; vous disposerez sa sépulture[8] dans le terrain qui sépare le jardin de la plaine.

Brun se hâta d'obéir. Il revêt l'étole ; le roi et tous les membres du parlement[9] commencent les vigiles. Le limaçon Tardif chanta seul les trois leçons, le pieux Rooniaus entonna le verset, et Brichemer le trait[10]. L'oraison *Custodiat anima*[11] fut prononcée par damp Brun.

Après les vigiles, les matines ; puis le corps fut porté en terre. On l'avait auparavant enfermé dans un beau cercueil de plomb. La fosse creusée au pied d'un chêne fut recouverte d'une lame[12] de marbre sur laquelle on traça à la griffe ou au ciseau[13] l'épitaphe suivante :

Vigiles et matines

La journée était rythmée par huit offices, ou messes. Les ***matines*** (ou ***vigiles***) avaient lieu à la première heure du jour, les ***vêpres*** étaient célébrées le soir. Les prières étaient chantées ou récitées en latin, langue que très peu de personnes comprenaient.

1. Inscription sur une tombe.
2. Chercher.
3. Seigneur.
4. Se lève.
5. Comment ne pas prendre.
6. Bande d'étoffe portée autour du cou par le prêtre.
7. Messe pour l'âme.
8. Tombe.
9. De l'assemblée.
10. Les leçons, le verset et le trait sont des textes et des chants religieux.
11. Prière en latin prononcée lors de l'enterrement : « Préserve son âme (de l'Enfer) ».
12. Dalle.
13. Outils d'acier pour graver la pierre.

CI GIST[14] COPETTE LA SŒUR PINTE[15].
QUI MOURUT EN ODEUR DE SAINTE[16],
LIVRÉE À MARTYRE DOLENT[17]
PAR RENART LE VILAIN PUANT.

On ne pouvait voir, durant la cérémonie, Pinte fondre en larmes, prier Dieu et maudire Renart, Chantecler roidir les pieds[18] de désespoir sans être profondément ému et attendri.

Et quand les grandes douleurs furent apaisées, les pairs[19] se rendirent auprès du roi.

– Sire, lui dirent-ils, nous demandons vengeance de ce glouton, fléau de tous, violateur de la foi jurée.

– Très volontiers, dit le roi Noble, et c'est vous, Brun, que je charge d'aller le semondre. N'ayez pour le traître aucun ménagement. Vous lui direz qu'avant de me décider à l'ajourner[20], je l'ai attendu trois fois.

– Je n'y manquerai pas, sire, répondit Brun ; et sur-le-champ, il prend congé, met son cheval à l'amble[21] et s'éloigne.

Mais pendant qu'il chemine ainsi par monts et par vaux[22], il survint à la cour un événement qui fut loin de remettre en meilleur point les affaires de Renart. Nous avons vu que pendant deux jours, Couart le lièvre avait tremblé les fièvres. Après l'enterrement de dame Copette, le malade voulut absolument aller prier sur sa tombe. Il s'y endormit, et en se réveillant il se trouva guéri. Le miracle fit grande rumeur : Ysengrin, apprenant que dame Copette était vraie martyre, se souvint d'un tintement[23] douloureux qu'il avait dans l'oreille. Rooniaus, son conseiller ordinaire,

14. Ici repose.
15. La sœur de Pinte.
16. Comme une sainte.
17. Torturée.
18. Tendre ses pattes.
19. La cour.
20. Le faire venir.
21. À une allure normale.
22. À travers la campagne.
23. Son.

le conduisit et le fit prosterner sur la tombe ; tout aussitôt, il fut guéri. C'est de lui-même qu'on le sut : mais s'il n'eût pas été téméraire de révoquer en doute[1] une chose d'aussi bonne créance[2], si d'ailleurs Rooniaus ne l'eût pas attestée, on n'aurait peut-être pas ajouté toute la foi désirable[3] à la guérison d'Ysengrin.

L'annonce de ce double miracle fut accueillie par le plus grand nombre avec une faveur marquée. Grimbert au contraire s'en affligea ; car ayant pris en main la défense de Renart, il prévoyait la mauvaise impression que ce récit ferait sur les esprits les moins prévenus[4]. Mais il est temps de revenir à damp Brun et de l'accompagner dans son voyage à Maupertuis.

1. S'il n'avait pas été déplacé de douter.
2. Aussi sûre.
3. Toute la confiance souhaitable.
4. Favorables à son cas.

Renart et l'ours Brun

De l'arrivée de damp[5] Brun à Maupertuis, et comment il ne trouva pas doux le miel que Renart lui fit goûter.

Brun l'ours suivit le sentier tortueux qui à travers la forêt conduisait à Maupertuis. Comme la porte du château était fort étroite, il fut obligé de s'arrêter devant les premiers retranchements. Renart se tenait au fond du logis, doucement sommeillant ; il avait à portée le corps d'une grasse geline, et de grand matin il avait déjeuné des ailes d'un gros chapon[6]. Il entendit Brun l'appelant ainsi du dehors :

– Renart, je suis messager du roi. Sortez un instant pour entendre ce que notre sire vous mande[7].

L'autre n'eut pas plutôt reconnu damp Brun, qu'il se mit à chercher quel piège il pourrait lui tendre.

– Damp Brun, répondit-il de sa lucarne[8] entrouverte, on vous a fait prendre, en vérité, une peine bien inutile. J'allais partir pour me rendre à la cour du roi, aussitôt que j'aurais eu mangé d'un excellent mets français. Car vous le savez aussi bien que moi, damp Brun : quand un homme riche ou puissant vient en cour, tout le monde s'empresse autour de lui. C'est à qui tiendra son manteau, c'est à qui lui dira : « Lavez[9], lavez, sire ! » On lui sert le bœuf au poivre jaune ; toutes les viandes délicates qui passent devant le roi. Mais il en est autrement de celui qui n'a pas grande charge[10] et force deniers[11] : on le dirait sorti de la fiente de Lucifer[12]. Il ne trouve place au feu[13] ni à la table ; il est obligé de manger sur ses genoux, et les chiens de droite et de gauche vien-

5. Seigneur.
6. Jeune coq engraissé.
7. Demande.
8. Fenêtre.
9. Lavez-vous les mains.
10. Grand pouvoir.
11. Ni beaucoup d'argent.
12. De la crotte du Diable.
13. Près de la cheminée.

nent lui enlever le pain des mains. Il boit une pauvre fois, deux fois tout au plus et du moindre[1] ; il touche à une seule espèce de viande, et les valets ne lui donnent que des os à ronger. Tristement oublié dans un coin, il devra se contenter de pain sec, tandis que les grands et bons plats, servis par les queux[2] et les sénéchaux[3] à la table du maître, sont mis de côté pour être envoyés aux amies chères[4] de ces cuistres[5] que le démon puisse emporter ! Voilà, sire Brun, pourquoi j'ai, ce matin avant de partir, fait la revue de mes provisions de pois et de lard ; et pourquoi je me suis déjeuné[6] avec six denrées[7] de frais rayons de miel.

À ce mot de miel, Brun, oubliant ce qu'il savait de la malice de Renart, ne put s'empêcher d'interrompre :

– *Nomini patre christum fil*[8], ami ! Où pouvez-vous donc trouver tant de miel ? Ne voudriez-vous pas m'y conduire ? Par le corbleu[9] ! c'est la chose que j'aime le mieux au monde.

Renart étonné de le trouver si facile à empaumer[10], lui fait la loupe[11], et l'autre ne s'aperçoit pas que c'est la courroie[12] qui doit le pendre.

– Mon Dieu ! Brun, reprit-il, si j'étais sûr de trouver en vous un véritable ami, je vous donnerais, j'en atteste mon fils Rovel, autant de ce miel excellent que vous en pourriez désirer. Il ne faut pas le chercher loin ; à l'entrée de ce bois que garde le forestier Lanfroi. Mais non : si je vous y conduisais uniquement pour vous être agréable j'en aurais mauvais loyer[13].

– Eh ! que dites-vous là, Renart ? Vous avez donc bien peu de confiance en moi.

– Assurément.

1. Du vin de mauvaise qualité.
2. Cuisiniers.
3. Serviteurs les plus âgés.
4. Maîtresses, amantes.
5. Employés de cuisine.
6. Je me suis offert un déjeuner.
7. Pour six deniers.
8. *Au nom du Père et du Christ, Son Fils.* Le latin de Brun est incorrect, on attend : « *In nomine patris, Christi filii* ».
9. Juron.
10. Tromper.
11. Lui tend un piège.
12. Corde.
13. Mauvaise récompense.

– Que craignez-vous ?

– Une trahison, une perfidie.

– C'est le démon[14] qui vous donne de pareilles idées.

– Eh bien ! donc, je vous crois, je n'ai rien contre vous.

– Et vous avez raison : car l'hommage que j'ai fait au roi Noble ne me rendra jamais faux et déloyal.

– J'en suis persuadé maintenant, et j'ai toute confiance dans votre bon naturel.

Pour répondre au vœu de damp Brun, il sort de Maupertuis et le conduit à l'entrée du bois. Lanfroi le forestier avait déjà fendu le tronc d'un chêne qui devait lui fournir les ais[15] d'une grande table ; il avait posé deux coins[16] dans l'ouverture, pour l'empêcher de se refermer.

– Voilà, doux ami Brun, dit Renart, ce que je vous ai promis. Dans ce tronc est la réserve du miel. Entrez la tête et prenez à votre aise ; nous irons boire ensuite.

Brun, impatient, pose les deux pieds de devant sur le chêne, tandis que Renart monte sur ses épaules et lui fait signe d'allonger le cou et d'avancer le museau. L'autre obéit : Renart de l'une de ses pattes tire à lui fortement les coins et les fait sauter. Les deux parties séparées du tronc se rapprochent et la tête de Brun reste en male étreinte[17].

– Ah ! maintenant, dit Renart riant à pleine gorge, ouvrez bien la bouche, sire Brun, et surtout tirez la langue. Quel bon goût, n'est-ce pas ? (Brun cependant exhalait[18] des cris aigus.) Mais comme vous restez longtemps ! Oh ! je l'avais bien prévu ; vous gardez tout pour vous, sans m'en faire part. N'êtes-vous pas honteux de ne rien laisser à votre

14. Diable.
15. Planches.
16. Morceaux de chêne.
17. Dans cette mauvaise position.
18. Poussait.

ami ? Si j'étais malade et si j'avais besoin de douceurs, je vois que vous ne me donneriez pas poires molles[1].

En ce moment arrive le forestier Lanfroi, et Renart de jouer des jambes. Le vilain voit un gros ours engagé dans l'arbre qu'il avait fendu, et retournant aussitôt au village :

– Haro[2] ! haro ! à l'ours ! Nous l'avons pris.

Il fallait voir alors accourir les vilains[3] avec massues, fléaux[4], haches, bâtons noueux d'épines. Qu'on juge de la peur de Brun ! Il entend derrière lui Hurtevilain, Gondoin Trousse-Vache, Baudoin Porte-Civière, Giroint Barbette, le fils de sire Nicolas, Picque-Anon le puant qui fait sauver les mouches, et le bon videur d'écuelles[5] Corbaran de la Rue, puis Tigerin Brisemiche, Tiger de la Place, Gombert Coupe-Vilain, Flambert, damp Herlin, Autran le Roux, Brise-Faucille prévôt[6] du village, Humbert Grospés, Foucher Galope et bien d'autres.

Aux cris toujours plus rapprochés de cette fourmilière de vilains, Brun fait ses réflexions. Mieux lui vaut encore perdre le museau que livrer sa tête entière : la hache de Lanfroi ne l'épargnerait assurément pas. Il tâte et retâte avec ses pieds, se roidit[7], sent la peau de son cou céder et se détacher, laissant à nu[8] les oreilles et les joues sanglantes. C'est à ces cruelles conditions que le fils de l'Ourse put rentrer en possession de sa tête ; on n'eût pu tailler une bourse dans la peau qu'il en rapportait, et jamais si hideuse bête ne courut risque d'être rencontrée. Il fuit à travers bois ; la honte d'être vu, la crainte d'être assommé se réunissent pour lui conserver des forces.

La meute des vilains le poursuivait toujours. Maintenant voilà qu'il croise le prêtre de la paroisse, le père de Martin

1. La moindre chose.
2. À l'attaque !
3. Paysans.
4. Outils pour battre le blé.
5. Gros mangeur.
6. Représentant du roi.
7. Pousse sur ses pattes.
8. Écorchant.

d'Orléans, qui revenait de tourner son fumier. De la fourche qu'il avait aux mains, il frappe Brun sur l'échine[9], et le grand faiseur de peignes et lanternes, frère de la Chievre de Reims, l'atteint d'une longue corne de bœuf et la lui brise sur les reins. Oh ! malheur à Renart si jamais Brun peut le rejoindre ! Mais celui-ci avait pris soin de se mettre à couvert[10] dans Maupertuis, et quand Brun passa devant ses fenêtres, il ne put se tenir de le gaber[11] encore.

– Comment vous trouvez-vous, beau sire Brun, d'avoir voulu manger tout le miel sans moi ? Vous voyez à quoi mène enfin la trahison ; n'attendez pas de prêtre à votre dernier jour. Mais de quel ordre êtes-vous donc[12], pour avoir ce chaperon[13] rouge ?

Brun ne tourna pas même les yeux sur lui ; qu'aurait-il répondu ? Il s'enfuit plus vite que le pas, croyant toujours avoir à ses trousses Lanfroi, le prêtre, le lanternier[14] et tous les vilains du pays.

Enfin il atteignit les lieux où le roi Noble tenait sa cour. Il était grand temps qu'il arrivât, car il fléchit de lassitude[15] et d'épuisement devant les sièges. Chacun, en le voyant ainsi débarrassé de ses oreilles et de la peau de son chef[16], fit d'horreur un signe de croix.

– Eh ! grand Dieu ! frère Brun, dit le roi, qui a pu t'accommoder[17] ainsi ? Pourquoi déposer ton chaperon à la porte ? Mais le reste, où l'as-tu laissé ?

– Sire, dit avec la plus grande peine le pauvre Brun, c'est Renart qui m'a mis en cet état.

Il fit quelques pas, puis tomba comme un corps mort, aux pieds du roi.

9. Le dos.
10. Se réfugier.
11. Se moquer de lui.
12. À quel monastère appartenez-vous ?
13. Cette capuche.
14. Personne qui fabrique des lanternes.
15. Fatigue.
16. Sa tête.
17. T'arranger.

La suite des aventures de Renart (résumé)

Furieux, le roi Noble décide de faire pendre Renart et envoie Tybert le chat à Maupertuis. Tybert se méfie de Renart, mais le goupil lui propose d'aller chasser des souris chez le prêtre voisin, où il n'y a, bien évidemment, aucune souris. De plus, le fils du prêtre a tendu des pièges autour de la maison, par crainte des renards. Tybert, affamé, s'approche de l'entrée et se retrouve pris au piège. La maisonnée sort, bat le pauvre Tybert, qui réussit finalement à s'échapper.

À la cour du roi, c'est la consternation. Enfin, Grimbert est désigné pour aller chercher Renart. Il part avec une lettre du roi, et le goupil reçoit généreusement son cousin. À la fin du repas, Grimbert lui explique la situation. En lisant la lettre de Noble qui lui annonce que la cour l'a condamné à mort, Renart décide de confesser tous ses péchés à Grimbert et promet de se repentir. À la cour, Renart tente de se défendre, mais Noble ne veut rien entendre et lui rappelle ses trop nombreux crimes.

On mène ensuite Renart sur le lieu de sa pendaison. Mais le goupil a une dernière requête : il supplie le roi de le laisser faire un pèlerinage en Syrie. Noble, ému, accepte : Renart est libéré. Il part, vêtu comme un pieux pèlerin, avec un bâton, une écharpe et une croix sur l'épaule. Mais il se défait vite de ces accessoires et, du haut d'une montagne, il défie Noble et sa cour. Les barons et le roi se lancent alors à sa poursuite. Renart se réfugie à Maupertuis. Toute la cour entoure la maison de Renart : le siège de Maupertuis commence…

Pause lecture 4

Aventures 10 à 13

Sans foi ni loi

Une cour bien étrange

Avez-vous bien lu ?

Combien d'animaux sont présents à la cour plénière ?

❏ Cinq.

❏ Six.

❏ Sept.

Dignes ou ridicules ?

1 Comparez les deux expressions qui désignent la cour plénière du lion dans l'aventure 10 : « les bêtes » (l.12-13) et « hautes cours » (l. 40).

2 Quels animaux accusent Renart ? Que sont-ils prêts à faire ? Qui défend le goupil ? À quels personnages d'un tribunal ces animaux renvoient-ils ?

3 Quel personnage représente l'Église ? Qu'en concluez-vous ?

4 Comment Chantecler et les poules expriment-ils leur tristesse ? Quel détail rend leur deuil ridicule ?

Sa majesté le lion

5 Les interventions de Noble vous paraissent-elles dignes d'un roi ? Cherche-t-il la justice ou la tranquillité ? Quel jugement porte-t-il sur Renart ? Et sur Ysengrin ? Suit-il les conseils de ses barons ?

6 À quel moment se sert-il de sa force physique ? Quelles en sont les manifestations et les effets ?

Quelle justice !

Avez-vous bien lu ?

Pourquoi Renart est-il convoqué à la cour ?

❏ Pour escroquerie et meurtre.

❏ Pour vol et fraude.

❏ Pour viol et meurtre.

L'ennemi public

1 Noble déclare que Renart est l'« ennemi du lien conjugal et de la paix publique » (p. 80, l. 10-11). Ce jugement est-il justifié ?

2 Relisez l'épitaphe de dame Copette (aventure 12, l. 26 à 29). Que souligne-t-elle ?

3 Montrez que la situation de Brun est de plus en plus désespérée. Quel est l'effet produit ?

Vengeance ou justice ?

4 Que sous-entend le discours de Bernart (p. 73-74, l. 135 à 150) ? Et le silence d'Hersent (p. 74, l. 151-152) ? Pourquoi Ysengrin a-t-il peur du jugement de Dieu ?

5 Montrez que Grimbert est le seul à vouloir une véritable enquête.

Le conteur, complice de Renart ?

Avez-vous bien lu ?

Pourquoi Brun tombe-t-il aux pieds du roi ?

❏ Il est mort.

❏ Il est épuisé.

❏ Il a honte.

Un conteur toujours présent

1 À quel conteur est-il fait référence au début de l'aventure 10 (p. 69) ?
Comment le conteur s'y prend-il pour attirer l'attention du public ?

2 Expliquez l'expression « et son cher compère Ysengrin » (p. 69, l. 2).
Qui s'exprime ici ? Sur quel ton ?

3 Dans l'aventure 13, observez les noms des vilains (l. 93 à 100).
Montrez que le conteur se moque autant des humains que des animaux.

Une histoire sans morale ? (aventure 13)

4 Quels aspects de la réalité médiévale Renart critique-t-il (l. 15 à 33) ?

5 À qui Renart compare-t-il Brun et son « chaperon rouge » (l. 128) ?
Quel a été le rôle de l'ours pendant la cérémonie ?
Pourquoi s'est-il facilement fait avoir par Renart ?

6 Relevez, dans le discours de Bernart (p. 73-74, l. 135 à 150), une autre critique du clergé.

7 Pourquoi Renart réussit-il à rester sympathique aux yeux du lecteur ?

Du texte à l'image

Observez la mise en scène → voir dossier images p. IV

Mr Renart,
spectacle de marionnettes, TJP de Genève, texte et mise en scène de Guy Jutard.

1. Identifiez les deux personnages.
2. De quelle(s) couleur(s) sont-ils représentés ? Qu'en déduisez-vous ?
3. Décrivez et opposez l'attitude des personnages. En quoi celui de gauche peut-il sembler ridicule ?
4. De quel genre de spectacle s'agit-il ? À quel public est-il destiné ? Justifiez votre réponse.

À vous de jouer

Écrivez une suite de récit

Le roi Noble, après le retour de Brun, décide de partir en guerre contre Renart : il va faire le siège de Maupertuis. Racontez ce qui pourrait se passer, en vous appuyant sur ce que vous avez appris en Histoire sur les guerres, les armements et les châteaux au Moyen Âge.

Jouez le procès de Renart

Renart est-il coupable ? À vous de le condamner ou de jouer les avocats du diable pour le défendre ! Organisez le procès de Renart : les deux parties, munies d'arguments et d'exemples convaincants, s'opposeront devant un tribunal qui rendra un verdict sans appel.

Questions sur...

Le Roman de Renart

1. Les lieux et l'époque

1 Dans quelle région les aventures de Renart se déroulent-elles ? Les lieux changent-ils beaucoup d'un épisode à l'autre ?

2 À quelle époque se déroule le *Roman de Renart* ?

2. Les ruses

3 Pour quelle raison principale Renart joue-t-il des tours ?

4 Remettez dans l'ordre les étapes du schéma narratif d'une ruse réussie :

a. Renart nargue sa victime.
b. La victime est volée ou humiliée.
c. Le goupil persuade sa victime.
d. Renart repère sa proie.

3. Les personnages

5 Quels sont les qualités et les défauts de Renart ?

6 Quels personnages déjouent les pièges de Renart ? Quelles sont ses principales victimes ? Citez deux exemples qui illustrent la cruauté du goupil.

7 Quels humains apparaissent dans le *Roman de Renart* ? À quelle classe sociale appartiennent-ils ?

8 Dans quels épisodes se moque-t-on du clergé ?

4. Le conteur

9 Quel auteur du *Roman de Renart* est cité dans le texte ? A-t-il été le seul à écrire ces aventures ?

10 Sur quel ton intervient le narrateur dans les histoires ? Montrez que le conteur essaie d'attirer l'attention du public.

5. Jugement

11 Trouvez-vous la critique de la société médiévale dans le *Roman de Renart* légère ou dure ? Justifiez votre réponse.

12 Avez-vous aimé le *Roman de Renart* ? Pourquoi ?

Après la lecture

Genre littéraire

Un récit animalier

Thème de l'œuvre

Renards à travers les âges

Un récit animalier

◆ Définition

Le récit animalier met en scène des animaux qui pensent, parlent et agissent comme des hommes. Dans le *Roman de Renart*, les animaux possèdent des noms propres, ainsi que des titres : le roi Noble, damp Renart, dame Hersent. Ils habitent des domaines (Maupertuis), et siègent en cour plénière. Ils se nourrissent des mêmes plats que les hommes (fromage, poisson, bacons). Cependant, ils retrouvent parfois leur posture et leurs réflexes d'animaux : Renart fait le mort comme un goupil, les loups poussent des hurlements. Pourtant, les lecteurs ne s'étonnent pas de la présence de ces étranges créatures, mi-hommes, mi-bêtes.

> « *Des animaux qui pensent, parlent et agissent comme des hommes.* »

◆ La fable et le conte

Dès le VIe siècle av. J.-C., le fabuliste grec **Ésope** met en scène des **animaux personnifiés** dans de courtes histoires suivies d'une morale. Ce sont des fables (du verbe latin *fari*, qui signifie « dire »). Au XVIIe siècle, **La Fontaine** reprendra cette tradition de récits animaliers.

Le conte, dont le nom provient du latin computare, qui signifie « énumérer », correspond donc, à l'origine, au récit des épisodes d'une même histoire. Des animaux personnifiés y apparaissent souvent, comme le chat botté, le loup du *Petit Chaperon rouge*, les trois petits cochons... Ces animaux témoignent de la relation ambiguë qu'entretiennent les hommes avec la nature, entre peur et respect.

◆ La littérature jeunesse

On retrouve souvent des héros-animaux dans des romans ou des bandes dessinées. Ces œuvres sont souvent adaptées pour le cinéma ou la télévision (*James et la Grosse Pêche*, de Roald Dahl, 1961 ; *Babe*, de Dick King-Smith, 1983). Certains auteurs font le choix d'écrire des romans ou des bandes dessinées de genre « sérieux », mettant en scène des animaux dans le rôle principal. Par exemple, *La Ferme des animaux*, de George Orwell (1945), évoque la révolution russe et le communisme. La prise de pouvoir des animaux au détriment des hommes constitue un thème majeur de la science-fiction.

◆ Des animaux symboliques

Les hommes ont observé les bêtes et leur ont prêté des qualités ou des défauts. On parle ainsi d'« anthro-pomorphisme » (*anthropo* désigne l'homme et morphisme la forme). Le renard symbolise ainsi la ruse et la sagesse, le loup, la puissance et la bêtise.

> *« Les récits animaliers permettent d'échapper à la censure de l'Église ou de l'État. »*

Se servir d'animaux pour instruire les hommes : c'est ainsi que La Fontaine définissait la visée de ses *Fables*. La plupart des récits animaliers, contes et fables en particulier, utilisent les animaux pour **donner une morale** aux hommes. Le *Roman de Renart* enseigne ainsi à ses lecteurs que les personnages naïfs et les sots sont cruellement punis.

Les sociétés animales sont le reflet des sociétés humaines. Les auteurs du Roman de Renart font la satire des abus du clergé ou de l'injustice féodale, La Fontaine critique la cour de Louis XIV... en toute impunité. Se servir d'un récit animalier permet ainsi d'échapper à la censure de l'Église ou de l'État. ■

Renards à travers les âges

◆ Entre l'Inde et la Grèce

« Dès l'origine, le personnage du renard représente plusieurs facettes de l'esprit humain. »

Dès l'origine, le personnage du renard est complexe, car il représente plusieurs facettes de l'esprit humain : intelligence et sagesse, mais aussi fourberie et mauvaise foi.

Au VIe siècle av. J.-C., le fabuliste grec Ésope met en scène dans ses fables un renard parfois sage, parfois malhonnête. Les fables d'Ésope ont eu un grand succès dans le monde antique. Une histoire indienne très ancienne parle ainsi de deux chacals, lointains parents du renard. Plus tard, dans un recueil de textes appelé le *Pantcha Tantra*, un prêtre écrit les aventures de Karakata et Damanaka (ou Kalila et Dimna, voir « autre lecture », p. 101), deux disciples corrompus du roi, le lion Pingalaka.

◆ De goupil à Renart

Goupil : c'est ainsi qu'on nommera le renard jusqu'au XIIe siècle en France. Au Moyen Âge, un poète flamand met en scène les farces d'un goupil nommé Reinhart, un prénom d'origine germanique (*ragin* signifie « conseil » et *hard*, « dur »). Le renard est d'ailleurs une figure connue dans la mythologie scandinave : c'est l'un des animaux emblématiques du dieu du feu et de la méchanceté (Loki). De plus, la couleur rousse de son pelage est associée à l'Enfer et au Diable dans les croyances populaires. Des auteurs français ont repris ce personnage dans des récits en langue d'oïl (langue du nord de la France), et les ont appelé le *Roman de Renart*.

◆ De Renart au renard

Le succès du *Roman de Renart* est tel que le nom « Renart » va remplacer celui de « goupil ». Plus tard, on l'écrira avec une minuscule et un *-d* final.

Le « Maître Renard » de La Fontaine s'inspire à la fois de celui d'Ésope, des chacals indiens, mais aussi du goupil des aventures de Renart et de Tiécelin. Il est donc la réinvention, la réinterprétation d'un personnage vieux de plus de deux mille ans.

La figure du renard continue à vivre en gardant sa nature double : fourbe et sage à la fois. Dans *Pinocchio*, c'est un renard qui détourne le petit garçon du droit chemin. Au contraire, dans *Le Petit Prince* d'Antoine de Saint-Exupéry (1943), c'est lui qui apprend au héros la vraie valeur de l'amitié : « Je ne suis pour toi qu'un renard semblable à cent mille renards. Mais si tu m'apprivoises, nous aurons besoin l'un de l'autre. »

◆ Et ailleurs ?

Des personnages de renard existent sur tous les continents. En Amérique du Sud, il est un symbole de fertilité. Son nom **espagnol**, *Zorro*, inspirera le cinéma et la télévision, qui mettront en scène un justicier rapide, rusé et masqué. Zorro ruse avec les méchants pour défendre les pauvres et les opprimés.

« Un personnage vieux de plus de deux mille ans. »

Dans le folklore **japonais**, les « kitsune » sont des esprits rusés, jouant des tours et capables de se métamorphoser : ils apparaissent sous les traits de renards aux multiples queues.

Dans le folklore **chinois**, enfin, la renarde est une figure double : c'est une horrible sorcière qui se transforme en belle jeune fille pour mieux attirer les hommes. Renard est vraiment universel ! ■

Le Petit Prince, Antoine de Saint-Exupéry, 1943.

Autre lecture

Kalila et Dimna

ve siècle

extrait du *Pantcha Tantra*

Fables indiennes de Bidpaï, choisies et racontées par Ramsey Wood, © Albin Michel, 2006.

Découvrez les lointains cousins de Renart, tout aussi rusés...

Qui est Bidpaï ?

Bidpaï

Bidpaï est un brahmane, un prêtre hindou qui a vécu en Inde au ve siècle à J.-C. Il a rédigé en sanskrit, l'ancienne langue indienne, le ***Pantcha Tantra***, un recueil de fables animalières, traduites ensuite dans de nombreuses langues. Les héros, Kalila et Dimna, sont deux chacals au service du roi, le lion. Leurs aventures sont racontées sous forme d'un long récit à tiroirs : chaque conte commence par une fable et se termine par la promesse d'entendre une autre fable, à la manière des contes des *Mille et Une Nuits*...

Un jour, un marchand de Distawand[1] partit en voyage. Il se déplaçait avec ses serviteurs dans une charrette tirée par deux buffles[2], Schanzabeh et Bandabeh. Ils atteignirent bientôt un passage où la route était si boueuse que Schanzabeh s'enlisa[3] jusqu'au ventre. Le marchand, ses serviteurs et Bandabeh tentèrent de le sortir de ce bourbier[4], mais en vain.

Craignant de prendre du retard, le marchand décida de poursuivre sa route avec Bandabeh pour seul attelage. Il laissa un de ses serviteurs avec Schanzabeh, espérant que, la route séchant, ils suivraient plus tard. Mais après avoir passé une nuit auprès de Schanzabeh, le serviteur en eut assez d'attendre et, jugeant la situation sans espoir, il s'en alla rejoindre son maître, à qui il raconta que Schanzabeh était mort.

Cependant, Schanzabeh finit par s'extirper[5] de la boue et partit au hasard, en quête de pâturages. Après avoir erré des jours et des jours, il sortit de la forêt qui couvrait les collines et déboucha dans une vallée solitaire et verdoyante où poussait une herbe haute et savoureuse et où coulait une rivière aux flots paresseux dont les bords étaient festonnés[6] de petits étangs pleins d'une eau claire et fraîche. Schanzabeh élut domicile dans cette vallée, où il mangeait à sa faim et buvait à sa soif, tant et si bien qu'il ne tarda pas à devenir gros et gras.

Mais Schanzabeh était seul. Personne, buffle ou bufflonne, pour lui tenir compagnie. Souvent, il se lamentait sur sa solitude en poussant de terribles mugissements[7] qui emplissaient toute la vallée. Le lion qui régnait sur les ani

1. Ville de l'Inde.
2. Gros bœufs, portant de longues cornes recourbées vers l'arrière.
3. S'enfonça dans la boue.
4. Creux rempli de boue.
5. Sortir.
6. Décorés.
7. Cris du buffle.

maux sauvages de la forêt voisine n'avait de sa vie jamais rien entendu de pareil. Il ordonna à un sanglier d'aller voir quelle étrange créature faisait ce vacarme effrayant. Le sanglier fonça à travers fourrés[1] et ronciers[2], jusqu'au moment où il tomba sur Schanzabeh qui buvait dans la rivière. Quand il vit cette bête énorme pourvue de cornes acérées[3], il s'arrêta net parmi les roseaux de la berge, ouvrant dans sa stupéfaction des yeux tout ronds. Cependant, Schanzabeh, ne se sachant pas observé, leva le mufle au ciel et poussa trois ou quatre mugissements retentissants, quelque chose de si épouvantable que le pauvre sanglier recula précipitamment et tomba dans une profonde fondrière[4] pleine de boue visqueuse[5].

Plus tard, quand il fut de retour auprès du lion, le sanglier raconta tout ce qu'il avait vu du terrifiant animal et le lion conclut de son rapport qu'il valait mieux regagner son repaire[6]. Bien sûr, le repaire du lion était plutôt somptueux. Situé dans un clair bosquet[7], à mi-pente sur le flanc nord de la vallée, il était aménagé dans l'entrée d'une vaste grotte qui s'enfonçait en s'étrécissant progressivement dans le sol, doucement incliné à cet endroit-là. Sous le surplomb qui en protégeait l'ouverture, sur une avancée légèrement arrondie généralement connue sous le simple nom de la Place, le lion tenait quotidiennement conseil. Il s'agissait de réunions matinales très informelles[8], ouvertes à tous, où les animaux venaient exprimer leurs griefs[9] et demander justice au roi ; on y discutait aussi des nouvelles du jour, bonnes ou mauvaises, et l'on s'y employait à modifier, réformer, réinterpréter, bref, améliorer les institutions

1. Ensemble d'arbustes touffus.
2. Arbustes avec des épines.
3. Pointues.
4. Marécage, endroit rempli de boue.
5. Épaisse.
6. Abri.
7. Petit bois.
8. Organisées simplement, sans protocole.
9. Plaintes.

de l'État. À l'arrière, à cinq ou six mètres à l'intérieur de la grotte, ouvrant sur une traverse[10] qui prenait à angle droit sur la gauche, se trouvait l'Antre Royal, sec et chaud, dont la principale pièce de réception possédait même une petite fenêtre naturelle, creusée par l'érosion dans le flanc de la vallée. C'est dans ce sanctuaire[11] lumineux et aéré que le lion se faisait apporter chaque jour sa nourriture. Il y demeura quelque temps, jouissant de la vue sur la vallée par sa petite fenêtre et n'apparaissant en public que pour tenir conseil.

Or il se trouve qu'il y avait parmi les serviteurs du lion deux chacals nommés Kalila et Dimna, qui étaient tous deux très intelligents et très rusés. « Je me demande pourquoi le lion ne quitte jamais sa tanière? dit un beau matin Dimna à son frère, tandis qu'ils se prélassaient[12] au soleil. Tu ne trouves pas bizarre qu'il n'aille plus rôder[13] et chasser?

– Si j'étais toi, mon frère, répondit Kalila, je contiendrais ma curiosité touchant ce genre de questions. Nous sommes les serviteurs du lion, et notre rôle consiste à attendre ses ordres et à lui obéir, et non pas à nous mêler de ses affaires.

– Certes, mais n'as-tu pas remarqué comme il est de méchante humeur ces jours-ci? Apparemment, dès qu'on lui pose une question, il répond d'un ton rogue[14] et impatient. Il a toujours l'air mécontent ou fâché, et c'est à peine s'il supporte qu'on lui adresse la parole. C'est peut-être parce qu'il craint que cette énorme bête dans le pré là-bas ne conquière son royaume.

10. Un passage.
11. Cet endroit calme, presque sacré.
12. Se reposaient.
13. Se promener.
14. Hargneux.

– Es-tu fou ou simplement las de la vie ? répondit vivement Kalila. Si tu ne fais pas attention, tu vas bientôt recevoir ce que tu mérites. Faut-il que je te rappelle combien il est dangereux de se mêler des affaires du roi? Tu me fais penser au singe qui voulut s'essayer à des choses qui le dépassaient. »

Le singe du menuisier

C'ÉTAIT PAR UN BEAU MATIN. Un singe regardait son maître, qui était menuisier, fendre des bûches. Pour ce faire, l'homme s'asseyait sur l'une d'elles, et enfonçait des coins[1] à l'aide d'une lourde masse[2] dans chacune des extrémités, ce qui l'ouvrait légèrement dans le sens de la longueur, puis il se levait et martelait violemment chaque coin, jusqu'à ce que la bûche se fende en deux. Après plusieurs heures de ce travail, fatigué, il partit se restaurer[3]. Le singe, qui était très curieux, voulut essayer de fendre des bûches à son tour. Or l'occasion s'en présentait, car son maître en avait justement laissé derrière lui une qui n'était que partiellement[4] fendue – les deux coins étant déjà en place. Il s'assit sur la bûche comme il l'avait vu faire à l'homme. Mais la masse était si lourde qu'il dut s'y prendre à deux mains pour la lever au-dessus de sa tête, et même ainsi, il perdit l'équilibre, de sorte que le coup partit de travers, frappant le coin d'une manière si maladroite qu'il le fit sauter et que la bûche se referma brusquement sur ses bourses[5]. Le singe poussa un cri affreux, les yeux complètement exorbités[6] par la douleur. Puis il s'égosilla[7] tant et tant que le menuisier accourut, et quand il vit ce que son stupide compagnon avait

1. Bout de bois.
2. Un marteau.
3. Manger.
4. En partie.
5. Testicules.
6. Qui sortent des paupières.
7. Cria très fort.

fait, il entra dans une belle colère et lui donna de telles gifles que le pauvre petit singe tomba en pâmoison[8].

« J'ai déjà entendu cette histoire, observa Dimna. D'ailleurs, elle vaut surtout pour ceux qui n'ont pas idée de la manière de s'y prendre. Et puis, qui ne risque rien n'a rien, car la fortune sourit aux audacieux[9]. Je m'intéresse au lion, parce que je crois pouvoir l'aider. Et si je parviens à l'aider, je suis sûr d'en être récompensé.

– Allons donc ! mon cher frère, dit Kalila en riant, comment veux-tu aider le roi? C'est à peine s'il t'adresse la parole, sans parler d'écouter tes conseils.

– Je commencerai par obtenir une audience[10] du lion. Et plus tard, je lui demanderai de manière détournée ce qu'il pense de cette créature là-bas dans le pré. Je suis sûr de parvenir à formuler ma question de façon à ne pas l'irriter. De toute manière, je crois savoir que jusqu'ici aucun de ses ministres n'a osé aborder le sujet, que ce soit de près ou de loin. Or ce sujet l'inquiète, c'est évident.

– Les rois choisissent rarement les meilleurs pour ministres, répondit Kalila. Il arrive souvent que ce soit simplement celui qui se trouve être là qui devient le favori ; c'est un peu comme la vigne qui s'attache à l'arbre le plus proche.

– Exactement. J'estime le moment venu pour moi de me présenter à la cour et de mettre mon esprit et mon habileté naturelle à l'épreuve. Les conseillers actuels du roi sont, j'en suis sûr, plus bêtes et plus poltrons[11] que moi. Si la fortune favorise de tels imbéciles, pourquoi ne me favoriserait-elle pas, moi aussi? Nombreux sont les chemins qui mènent à

8. Évanoui.
9. La chance aide les personnes courageuses.
10. Un rendez-vous.
11. Lâches.

la grandeur. Certains y parviennent par la vertu[1], d'autres par la force, d'autres par le dévouement[2] et d'autres encore par l'art de saisir les occasions.

– Quoi qu'il en soit, répondit Kalila, je pense que tu rencontreras plus de difficultés que tu ne crois. Tu t'imagines que le lion va se prendre d'affection pour toi et qu'il t'aidera à satisfaire tes ambitions. Mais les rois, on le sait, sont capricieux : un jour, ils sont tout sourire et te donnent à croire qu'ils t'aiment, et puis, le lendemain, c'est comme s'ils ne te connaissaient pas ou, pis encore, comme s'ils te détestaient. Tu t'exposes à un vent qui peut souffler aussi fort dans des directions opposées. Enfin, je vois que tu es décidé à suivre ton idée, quoi que je puisse dire. Il ne me reste donc, mon frère, qu'à te souhaiter bonne chance. »

Dimna prit congé de Kalila et alla immédiatement sur la Place se présenter au lion. Quand on l'eut annoncé, le roi l'invita à s'approcher et à dire ce qui l'amenait.

« N'en déplaise à Votre Majesté, déclara Dimna, je suis venu mettre mes humbles[3] capacités au service de Votre Majesté. Je prie Votre Majesté de bien vouloir user[4] de moi comme elle l'entendra, car même un petit cure-dents peut être utile au plus grand roi, quand un aliment lui reste coincé entre les dents. »

À ces mots inattendus, le lion fut agréablement surpris et il eut immédiatement une bonne opinion de Dimna.

« Bien dit, chacal, répondit-il. Tu as mis à te présenter de l'audace, mais aussi du respect, et tu mérites d'être mis à l'épreuve, comme tu le souhaites. Sois le bienvenu à la cour et en ma présence. »

1. Bonne conduite, sagesse.
2. Fait de rendre service.
3. Modestes.
4. Se servir.

Et à partir de ce moment-là, Dimna passa de plus en plus de temps dans la compagnie du lion. Des heures durant, ils s'entretenaient[5] en privé de toutes sortes de sujets. Un beau matin, comme le moment lui semblait propice[6], il demanda au lion pourquoi il ne sortait jamais de sa tanière. Ils bavardaient à bâtons rompus[7] dans la grande salle de réception, assis tous deux sur leur arrière-train[8]. Par la fenêtre, Dimna et le lion contemplaient, à travers un rideau d'arbres dorés par le soleil, l'autre versant[9] de la vallée qui se déployait par-delà les prairies et la rivière. Le paysage, déjà magnifique d'ordinaire, baignait ce jour-là dans une atmosphère particulièrement sereine[10].

« Sire, dit le chacal, Votre Majesté prenait naguère[11] beaucoup de plaisir à se promener, à chasser et à se divertir dans son royaume. Il y avait de la souplesse dans votre démarche, Sire, de la vigueur[12] dans votre rugissement, et l'on vous voyait partout. Mais voici maintenant plusieurs semaines que Votre Majesté reste confinée[13] à la cour – isolée la plupart du temps dans l'intimité de l'Antre Royal. Il y a sûrement une raison à ce changement et, pour ma part, je souhaiterais, Sire, que vous vous confiiez à moi, si vous avez quelque inquiétude. Après tout, à quoi bon être amis, si ce n'est pour s'entraider dans la difficulté?

– Voilà qui est gentiment dit, Dimna, répondit le lion, mais tout va bien, si ce n'est un mauvais coup de froid qui fait que je ne me sens pas dans mon assiette[14]. De sorte que ces temps derniers je n'ai pas eu tellement envie de sortir. Mais ça va sûrement passer. »

5. Se parlaient.
6. Adapté.
7. En passant d'un sujet à l'autre.
8. Derrière.
9. Côté.
10. Calme.
11. Il y a peu de temps.
12. Force.
13. Enfermée.
14. Je ne me sens pas très bien.

Or il advint[1] qu'au moment même où le lion donnait cette fausse explication, Schanzabeh flânait[2] à cinq cents mètres à peine, dans la prairie qui se trouvait juste en face de sa fenêtre. Ils ne le voyaient pas, mais le buffle poussa soudain de puissants mugissements qui ébranlèrent[3] la paisible atmosphère du lieu. Le lion se mit alors à trembler de tous ses membres.

« Sire, demanda Dimna, qu'a donc Votre Majesté ?

– Oh, rien, rien du tout. C'est ce maudit refroidissement... Quel ennui...

– Mais, Sire, pardonnez-moi si je prends la liberté de dire que je n'ai pu m'empêcher de remarquer que vous avez commencé à frissonner au moment où cet étrange mangeur d'herbe a produit ce bruit bizarre. Serait-ce, peut-être, que d'une certaine façon ce bruit affreux vous trouble?

– Eh bien, oui... c'est-à-dire, non... heu... enfin, peut-être un peu. C'est effroyablement fort, tu ne trouves pas?

– Oui, certainement, et puis c'est extrêmement désagréable, ajouta Dimna. Mais il n'y a sûrement pas de raison de s'inquiéter. Ce n'est qu'un bruit, après tout. Et nous ne devrions pas nous laisser perturber tant que nous ne savons pas ce que c'est et si, oui ou non, il y a là une vraie menace pour notre bien-être. Votre Majesté se souvient-elle de l'histoire du renard et du tambour ? Avec votre permission, Sire, je vais vous la redire. »

D'un léger signe de tête, le lion indiqua qu'il écoutait.

1. Arriva.
2. Se promenait.
3. Troublèrent.

Le renard et le tambour

Un renard entra un jour dans un bois où se trouvait, suspendu à un arbre, un tambour. Tout à coup, le vent se leva et les branches se mirent à battre le tambour : « Boum... Boum... Rataplan-plan-plan ! »

Le renard tomba en arrêt et tendit l'oreille. Puis il rampa en direction du son et vit l'étrange objet qui se balançait à une branche, non loin du sol.

Il se dit qu'une créature qui faisait un tel tapage et vivait dans un arbre devait être bonne à manger. D'un bond, il se précipita sur le tambour et le fit rouler par terre. En grognant, il y donna de grands coups de dents et le creva.
Mais quand il regarda à l'intérieur, il s'aperçut que le tambour était vide et qu'il n'y avait rien à manger.

« Hum!... dit le lion quand Dimna eut fini son histoire. Hum!... dit-il encore en se frottant le menton de sa patte royale.

– Sire, reprit Dimna, je propose que nous enquêtions sur ce mangeur d'herbe, pour voir de quel genre de bête il s'agit. Je suis persuadé que, comme le tambour, il fait grand bruit, mais qu'en réalité il est creux et ne mérite pas qu'on s'inquiète à cause de lui. Comme Votre Majesté est souffrante, puis-je m'offrir à aller parler avec cet animal et voir qui il est ? Cela ne prendra pas longtemps et, bien sûr, je reviendrai immédiatement vous dire ce qu'il en est. En attendant, Votre Majesté pourra se reposer au chaud. »

Le lion se raidit, haussa les sourcils et fronça les babines d'un air dubitatif[4]. Puis il sourit à Dimna et fit à nouveau signe que oui. Cependant, dès que le chacal l'eut remer-

4. Peu sûr.

cié et fut parti, il commença à se tourmenter[1], assailli[2] par toutes sortes de fantasmes[3] terribles.

« En fait, je ne connais pas Dimna si bien que ça, pensait-il. C'était peut-être une erreur de lui faire à ce point confiance. Et s'il allait dire à cette créature comme je tremble quand elle rugit ? Peut-être va-t-il se dire que ce mangeur d'herbe est plus fort que moi et me trahir. Ils vont se coaliser[4] et comploter pour me renverser, peut-être même pour m'assassiner. Dimna tient toujours des propos si suaves[5] qu'il doit avoir quelque arrière-pensée[6]. Qu'est-ce qui m'a pris de m'exposer ainsi à la trahison ? »

C'est ainsi que, de doute en doute, le lion parvint à se mettre dans un état de profonde terreur. Il allait et venait nerveusement dans ses appartements, pris d'une folle agitation. Enfin, il regarda par la fenêtre et vit Dimna qui remontait d'un pas pressé la piste menant à la Place. Quand le chacal pénétra de nouveau dans l'Antre Royal, le lion s'était calmé et n'avait plus l'air de rien.

Dimna informa le roi que le mangeur d'herbe n'était autre qu'un buffle. « Bien qu'il soit gros et bruyant, expliqua-t-il, c'est en fait une très douce créature.

– Mais il doit être extrêmement fort et, par conséquent, potentiellement[7] dangereux, coupa le lion.

– De la force, certes, il en a, Sire, admit Dimna, mais je ne pense pas qu'il soit agressif. Quand je lui ai parlé, il m'a fait l'impression d'un être à la fois timide et bon. En fait, je l'ai trouvé de si agréable compagnie que j'ai failli l'inviter à venir avec moi se présenter à Votre Majesté. À mon avis, vous l'aimeriez beaucoup, Sire, et cela vous permettrait de

1. Se faire du souci.
2. Troublé sans cesse.
3. D'angoisses.
4. S'allier.
5. Doux.
6. Idée derrière la tête.
7. Peut-être.

vous assurer qu'il ne représente pas une menace pour notre sécurité.

– Que voilà une bonne idée ! Je crois en effet que j'aurais plaisir à rencontrer ce buffle, Dimna. Cela te dérangerait-il beaucoup de retourner l'inviter à se présenter à la cour ? »

Dimna partit sur-le-champ trouver Schanzabeh, qui était occupé à ruminer[8], couché à l'ombre d'un arbre.

« Salut, mon ami, c'est encore moi », dit le chacal, et il s'allongea dans l'herbe à côté de Schanzabeh. Celui-ci inclina la tête et marmonna un salut, mais il continua de ruminer longuement et imperturbablement.

« J'ai des nouvelles qui vous intéresseront peut-être, reprit Dimna. Je viens, comme vous savez, de la part de Sa Majesté notre roi. Je dis bien "notre roi", car voici maintenant plusieurs semaines que vous vivez sur les terres de Sa Majesté, mon ami. Et, devrais-je ajouter, vous bénéficiez des agréments[9] du royaume sans vous être présenté au roi ni aux fonctionnaires royaux[10], afin d'obtenir un Permis officiel de pacage[11]. »

Schanzabeh interrompit un instant sa mastication, fit pivoter sa grosse tête et plongea un regard interrogateur dans les yeux du chacal.

« J'ai toujours soutenu que cette négligence[12] n'était pas délibérée[13] de votre part, poursuivit Dimna, et qu'il n'était pas dans vos intentions de manquer de respect ni de nuire[14] à qui que ce fût. Mais il se trouve des gens à la cour pour prétendre que vous êtes un dangereux intrus[15], que vous avez en quelque sorte fait effraction[16] dans nos domaines. Ce genre de ragots ne vous rend pas service, mon ami, car

8. Mâcher longuement.
9. Plaisirs.
10. Personnes au service du roi.
11. Pâturage.
12. Cet oubli.
13. Volontaire.
14. Faire du mal.
15. Perturbateur.
16. Vous êtes entré sans autorisation.

certains ont été jusqu'à dire que le roi devrait vous attaquer et vous tuer ou, à tout le moins, vous chasser d'ici. »

Dimna pencha la tête sur le côté et se gratta l'oreille d'une de ses pattes de derrière. Quand la démangeaison fut calmée, il adressa un grand sourire à Schanzabeh et poursuivit.

« Mais heureusement, le lion est aussi juste qu'il est puissant : jusqu'ici, il m'a écouté et il est, comme moi, d'avis que c'est par ignorance que vous vous comportez de la sorte, simplement parce que vous n'êtes pas d'ici et que vous ne connaissez pas nos usages[1]. Je l'ai assuré que, si vous aviez su que ces terres appartenaient à Sa Majesté, vous n'auriez pas manqué de présenter une demande de POP[2]. Sa Majesté est maintenant décidée à régler l'affaire une fois pour toutes et elle m'a ordonné de vous inviter à m'accompagner là-haut à la cour. Le roi souhaite vous connaître et se faire sa propre opinion sur vos intentions. »

Pendant ce discours, Schanzabeh se sentit gagné par l'appréhension[3]. Il cessa de ruminer, s'ébroua[4] avec inquiétude et se leva.

« Il serait peut-être sage que je m'en aille immédiatement, dit-il. À vous entendre, j'ai l'impression de courir un grand danger.

– Non, pas du tout, répondit Dimna en se levant à son tour, ce n'est pas nécessaire. Le lion m'a chargé de vous promettre que vous pourriez aller à la cour et en repartir en toute sécurité. N'ayez crainte, personne ne vous fera de mal. À mon avis, le plus sage est de venir avec moi et de vous expliquer. C'est une simple formalité[5].

1. Coutumes.
2. Permis Officiel de Pacage (sigle).
3. La peur.
4. Se secoua.
5. Ce n'est pas quelque chose de compliqué.

– Peut-être, mais je n'avais pas la moindre idée que les choses en étaient arrivées à ce point, répondit le buffle. Comment pouvez-vous me promettre que tout ira bien ?

– Eh bien, déclara Dimna en réfléchissant très vite, je vous le promets sur les oreilles de mon frère, le chacal Kalila. Qu'elles soient emportées par une paire de féroces mâchoires, s'il vous arrive quoi que ce soit.

– Qu'il en soit ainsi », déclara Schanzabeh, et il conclut le marché en abaissant sa grosse tête et en pressant doucement son nez contre celui de Dimna.

Sans perdre de temps, ce dernier escorta[6] Schanzabeh à la cour. Pourtant, le lion avait l'impression qu'il s'était écoulé des siècles depuis son départ. Il était en train d'écouter les fastidieux[7] arguments de plusieurs tribus de singes qui s'affrontaient sur une affaire de territoire et s'efforçaient désespérément de retenir son attention sur des questions de limites de propriété en matière de bananiers et autres problèmes du même tonneau[8]. Les factions[9] rivales se livraient à de vifs[10] échanges, se répandant en jacassements[11] suraigus, brandissant les poings et faisant sur place des bonds enragés. Soudain, le lion aperçut Dimna qui arrivait en courant, suivi du grand buffle. Le roi fut émerveillé par la taille et la beauté de Schanzabeh. « Eh bien, voilà quelqu'un qu'il vaut mieux avoir de son côté, se dit-il à part soi[12]. Quel animal ! » Et le fait est que toute la cour se tut brusquement, saisie à la vue de cette bête magnifique, et lui céda précipitamment[13] la place.

Tête basse, Schanzabeh s'approcha lentement de la personne du roi et s'agenouilla. « Si Votre Majesté veut bien

6. Accompagna.
7. Ennuyeux.
8. Du même genre.
9. Groupes.
10. Violents.
11. Cris.
12. À lui-même.
13. Très rapidement.

me le permettre, je viens implorer[1] Votre Majesté de me pardonner mon ignorance, car c'est elle qui m'a empêché de venir la saluer jusqu'à présent, dit-il les yeux humblement baissés. Si je m'étais rendu compte que j'étais sur vos terres, Sire, je me serais présenté plus tôt. Mais jusqu'à ce jour, je me croyais seul dans cette vallée. Maintenant que me voilà mieux informé, je suis ravi que me soit offerte la possibilité de vous servir et de jouir[2] de la compagnie des aimables habitants du royaume de Votre Majesté. »

Ces paroles enchantèrent le roi et sa cour, à tel point que tous ou presque conçurent[3] immédiatement une excellente opinion du buffle. Un murmure d'approbation[4] parcourut l'assistance.

« Relève-toi, je te prie, gentil buffle », rugit le roi, et tous de se taire. « Sois le bienvenu parmi nous et dis-nous quelles aventures t'ont amené jusqu'ici et pourquoi, parfois, tu fais un tel bruit.

– Il ne s'agit pas tant d'aventures, Votre Majesté, que de malheurs », répondit Schanzabeh en se redressant, cette fois-ci de toute sa taille. Puis, bien campé[5] sur ses pattes, la voix pleine de confiance et de sincérité, il conta comment il avait été amené à connaître la solitude dans la vallée. Tous écoutèrent avec la plus grande attention jusqu'à ce qu'il eût achevé son récit.

« Ô buffle, tu as l'air de quelqu'un à qui l'on peut se fier[6] et je suis frappé par ce que tu viens de nous raconter, dit le lion. Pourquoi rester seul dans mon royaume ? Je t'invite à demeurer ici et à partager avec nous tout ce qu'offre la nature. La cour t'est ouverte, et je suis si heureux de ton

1. Supplier.
2. Bénéficier.
3. Se firent.
4. Jugement favorable.
5. Dressé.
6. En qui on peut avoir confiance.

étrange apparition parmi nous que je te confère[7] dès à présent les titres de prince des Buffles et duc de la Bouverie[8] ! » Une puissante ovation[9], véritable concert de rugissements, braiements, grognements, hululements, miaulements, feulements, sifflements et autres hurlements, s'éleva de l'assistance enthousiaste, et le nouveau duc de la Bouverie s'agenouilla derechef[10] pour accueillir cette soudaine embellie du sort[11].

Le lion et le buffle ne tardèrent pas à devenir de grands amis. Le roi consultait Schanzabeh sur toutes ses affaires, personnelles ou politiques, et ils vagabondaient[12] joyeusement à travers la campagne, mêlant travail et plaisir. Il sautait aux yeux de tous que le duc de la Bouverie était le nouveau favori du lion.

Comment Dimna va-t-il réagir à cette situation ? Comment la belle amitié entre le lion et le buffle va-t-elle évoluer ? Si vous voulez le savoir, lisez le Pantcha Tantra et les autres aventures des deux chacals.

7. Donne.
8. De l'étable.
9. Des applaudissements.
10. De nouveau.
11. Cette nouvelle chance.
12. Se promenaient.

À lire

La littérature du Moyen Âge

Béroul, ***Tristan et Iseult***, XIIe siècle
Tristan, neveu du roi Marc, doit amener la belle Iseult à son oncle qui veut l'épouser. Mais sur le navire qui vogue vers la Cornouailles, Tristan et Iseult boivent par erreur un philtre d'amour...

Chrétien de Troyes, ***Yvain ou le Chevalier au lion***, XIIe siècle
À la cour du roi Arthur, le jeune Yvain veut montrer à tous sa vaillance. Dans la forêt de Brocéliande, il blesse à mort un cruel chevalier et tombe amoureux de sa veuve, Laudine, mais celle-ci le méprise. Yvain réussira-t-il à conquérir le cœur de la belle ?

Les animaux au Moyen Âge

Jean-Côme Noguès, ***Le Faucon déniché***, 1972
Martin, un jeune serf, rêve de posséder un faucon. Mais, au Moyen Âge, les lois féodales sont strictes : c'est un privilège réservé aux seigneurs. Un jour, il déniche un faucon. En secret, il noue avec l'oiseau une amitié interdite et dangereuse.

Alain Surget, ***Le Renard de Morlange***, 1995
Renaud de Morlange est un seigneur très cruel. Mais un jour, victime d'une malédiction, Renaud devient renard...

À voir

Les animaux au cinéma

- ***Deux frères*, Jean-Jacques Annaud**, 2004

Le destin de deux frères, deux tigres d'Asie : l'un travaillera dans un cirque, l'autre deviendra un animal de compagnie. Mais, un jour, les deux frères se retrouvent face à face...

- ***Le Renard et l'Enfant*, Luc Jacquet**, 2007

Un matin, une petite fille aperçoit un renard : une amitié improbable va les unir. L'animal guidera l'enfant à la découverte d'une nature secrète et sauvage.

Le Moyen Âge, en riant

- ***Sacré Graal*, Terry Jones et Terry Gilliam**, 1975

Les chevaliers de la Table ronde comme vous ne les avez jamais vus ! La quête du Graal est revisitée par des humoristes anglais, les Monty Pythons.

- ***Les Visiteurs*, Jean-Marie Poiré**, 1993

Godefroy de Papincourt, comte de Montmirail, a tué par erreur le père de sa fiancée. Il n'a qu'une solution : revenir dans le passé pour empêcher l'événement de se produire. Mais l'enchanteur se trompe de formule et le comte se retrouve propulsé au XXe siècle...

- ***Kaamelott*, Alexandre Astier**, 2004-2007

Une parodie des aventures du roi Arthur, à voir avec un œil averti : aucun motif du roman courtois, aucun chevalier n'échappe au regard amusé des auteurs !

TABLE DES ILLUSTRATIONS

Conception graphique : Julie Lannes
Design de couverture : Denis Hoch
Recherche iconographique : Laurence Vacher
Illustrations p. 10 : Buster Bone
Mise en page : Scientech Livre
Correction : Laure-Anne Voisin
Édition : Cécile Baillargeat
Coordination éditoriale : Marion Noesser
Direction éditoriale : Marie-Hélène Tournadre

N° d'éditeur : 10208336 - Dépôt légal : Juin 2014
Imprimé en France par I.M.E. - 25110 Baume-les-Dames